A Queda dos Mitos Econômicos

Dados Internacionais de Catalogação na Publicação (CIP)
(Câmara Brasileira do Livro, SP, Brasil)

Martins, Ives Gandra
A queda dos mitos econômicos / Ives Gandra Martins. — São Paulo: Cengage Learning, 2004.

Bibliografia
ISBN 978-85-221-0438-3

1. Capitalismo - História 2. Economia - História 3. Globalização 4. Mito - Aspectos econômicos 5. Protecionismo 6. Socialismo - História I. Título.

04-4787 CDD-330.09

Índice para catálogo sistemático:

1. Mitos econômicos: Queda: História 330.09

Ives Gandra Martins

A Queda dos Mitos Econômicos

CENGAGE

Austrália • Brasil • México • Cingapura • Reino Unido • Estados Unidos

CENGAGE

A queda dos mitos econômicos

Ives Gandra Martins

Gerente Editorial: Adilson Pereira

Supervisora de Produção Editorial: Patricia La Rosa

Produtora Editorial: Danielle Mendes Sales

Copidesque: Cristiane de Vasconcellos Schlecht

Revisão: Sandra Lia Farah e Ana Paula Ribeiro

Editoração Eletrônica: Parábola Editorial

Capa: Ana Lima

ISBN-10: 85-221-0438-7
ISBN-13: 978-85-221-0438-3

Cengage Learning
Condomínio E-Business Park
Rua Werner Siemens, 111 – Prédio 11 – Torre A – Conjunto 12
Lapa de Baixo – CEP 05069-900 – São Paulo – SP
Tel.: (11) 3665-9900 – Fax: (11) 3665-9901
SAC: 0800-11-19-39

Para suas soluções de curso e aprendizado, visite **www.cengage.com.br**

Impresso no Brasil
Printed in Brazil

SUMÁRIO

INTRODUÇÃO

Com este volume, encerro uma série de seis publicações, nos últimos 25 anos, em que examino questões políticas, econômicas, jurídicas, culturais e sociais do mundo contemporâneo.

A primeira delas foi veiculada pelo saudoso amigo e então editor jurídico de sucesso, José Bushatsky. Intitulei-a *O Estado de Direito e o Direito do Estado*. Nela examinei a irreversibilidade da democracia nos países que ainda conviviam com regimes de exceção, incluindo o Brasil, assim como a tendência, também irreversível, da formação de grandes blocos, o que poderá esculpir o perfil de um futuro "Estado Universal". O livro é de 1977.

Sete anos depois, continuei a refletir sobre o complicado mundo atual, com base em seu mais previsível elemento condutor, que é o homem, ou seja, de sua incapacidade de transformar o poder em instrumento para o bem da sociedade, visto que o visualiza como meta de realização pessoal a ser atingida, a qualquer custo, com arranhões ou graves ferimentos à ética e ao bem comum. Intitulado *O Poder*, veio à luz, pela Saraiva, em 1984, com um estudo introdutório de Ruy Mesquita.

Três anos após, examinei o papel da burocracia como fator de atraso dos povos e das nações, uma vez que os detentores do poder comandam as estruturas estatais com "espírito de corpo", sempre mais dispostos a serem servidos pela sociedade do que servirem-na. O título desta terceira obra foi *A Nova Classe Ociosa*, lembrando as lições de Veblen, no desenhar o retrato dos grandes empresários americanos do século XIX. Foi editado pela Forense, em 1987.

O quarto volume só o publiquei em 1996, depois da queda do muro de Berlim, do fortalecimento da União Européia e da abertura de novos caminhos pela globalização. É um grito de alerta contra os mitos e tabus criados pelas nações desenvolvidas após o desmoronamento do império soviético, mostrando, inclusive, que a falta de valores cultivados e o alargamento de profundos descompassos sociais poderiam ocasionar tragédia semelhante àquela que, infelizmente, ocorreu cinco anos após, no fatídico 11 de setembro de 2001.

Esse livro acabou por ser também editado em Portugal e vertido para o russo e para o romeno, sendo publicado na Rússia, na Bulgária e na Romênia. Denominei-o *Uma Visão do Mundo Contemporâneo* e contei com o prefácio do filósofo e historiador João de Scantimburgo, da Academia Brasileira de Letras. Editou-o a Pioneira, hoje participante do grupo Thomson Learning.

O quinto volume surgiu apenas em 2000 e recebeu como título *A Era das Contradições*. É seqüência do livro anterior e voltado, fundamentalmente, a mostrar as profundas contradições do poder e da vida moderna, em seus *slogans* estereotipados e na prática aética, inclusive atingindo instituições em que a preocupação moral deveria ser presente, como é o caso da imprensa e do poder judiciário, muito embora ainda representem, tais instituições, os pulmões da sociedade. E, como nos demais volumes, propus soluções para enfrentar o que explicito como *Desafios do Novo Milênio*. Sua editora foi a Futura, pertencente ao grupo Siciliano.

Completo, com o atual volume, esta série de trabalhos "não-jurídicos", em que procuro alertar meus leitores para os verdadeiros problemas que o endeusamento de mitos históricos estão a provocar, inclusive a capacidade de manipulação com que a informação chega à sociedade, "trabalhada" por iluminados da notícia.

No início do século XXI, os grandes mitos desapareceram. O socialismo fracassou, porque os excelentes ideais de justiça social não resistiram à fraqueza do homem no poder. E os governos socialistas continuam a fracassar, lembrando-se de que, mesmo no Brasil, um candidato saído das hostes socialistas ganhou a eleição, enquanto a esmagadora maioria de seus companheiros de partido, que detinha mandatos, foi derrotada nos pleitos realizados em seus respectivos Estados, ante a péssima avaliação de seus governos.

O mesmo se diga quanto à globalização econômica, que, no tempo, se revelou muito diversa do *slogan* da livre competição, pois as nações mais poderosas que a defendiam tornaram-se cruelmente protecionistas nos setores em que não são competitivas, como na agricultura ou siderurgia.

Em outras palavras, vivemos em um mundo no qual as teorias econômicas se esgotaram e a disputa de mercados entre as nações com baixo nível de desenvolvimento e aquelas de Primeiro Mundo descortina um "capitalismo selvagem", cuja regra maior é a prevalência do mais forte, nada obstante a disciplina jurídica, que se pretendeu organizar, em todo o mundo, acerca da "livre concorrência".

Como encontrar uma terceira via, ou uma via única, ou, ainda, a convivência das duas vias, assim como inflar um mínimo de ética em patamar superior ao "mínimo ético" de Bentham, é o grande desafio, nesta hora do fracasso dos mitos econômicos — com esqueletos ainda não definitivamente enterrados.

Espero, com este último volume, concluir, em estilo não acadêmico e sem citações — diferentemente do que ocorre em minha obra jurídica —, a exposição de uma visão muito pessoal do que seja o mundo neste ano de 2004.

Capítulo 1

O SÉCULO XXI

1.1 Os dois mundos

O mundo atual é, *grosso modo*, dividido em dois grandes blocos, com interesses diversos, problemas diferentes e distinta capacidade de persegui-los ou equacioná-los.

A queda do muro de Berlim e o esfacelamento do império soviético reduziram a formatação dos três blocos (ocidental, soviético e Terceiro Mundo) para apenas dois, ou seja, dos países desenvolvidos e em desenvolvimento, deixando, de rigor, estes últimos à deriva e sujeitos à imposição política e econômica das nações mais avançadas.

O rápido desaparecimento do segundo mundo, por força de seus ideais utópicos e tirânica prática, não foi bom, visto que a moeda de troca dos países subdesenvolvidos, que era dialogar com ambos os blocos, exigindo vantagens sobrevivenciais para seu desenvolvimento, desapareceu. O bloco ocidental e, fundamentalmente, os Estados Unidos, não mais necessitando "conquistar" países para sua órbita, retirando-os da outra, abandonou a política de concessões, auxílios e diálogo para adotar a de imposição de sua maneira de ver o mundo, perdendo, pois, os países em desenvolvimento, a capacidade de negociação e reivindicações.

Em outras palavras, o desaparecimento do temor soviético e de sua capacidade de influenciar o Terceiro Mundo com algum apoio e muitas idéias — a maioria delas utópicas — levou a lei do mais forte a predominar, passando a globalização da economia — irreversível, mas com potencialidade definida — a representar a única via de convivência possível entre os dois blocos, com benefícios consideravelmente maiores para os países desenvolvidos do que para as nações emergentes.

A essa predominância das nações desenvolvidas, na conformação da ideologia globalizante, somou-se a degradação do pacto das nações produtoras de petróleo, que, por meio da Opep (Organização dos Países Exportadores de Petróleo), provocaram o segundo choque do petróleo, em 1979, após terem unido suas forças, quando ocorreu o primeiro, em 1973.

É de se lembrar que, naquela época, o Gaat (General Agreement on Tariffs and Trade — Acordo Geral sobre Tarifas e Comércio), reunido em Tóquio em 1979, permitiu que, no comércio internacional, as nações desenvolvidas, para preservação de sua moeda e de sua economia, deixassem de praticar as leis de livre comércio para adotarem um não mais velado protecionismo, o que terminou por descompassar as economias emergentes, por redução do intercâmbio no comércio internacional.

Estas, por outro lado, quando do primeiro choque, endividaram-se a câmbio flutuante, em moeda forte, e, sem poderem financiar seu endividamento por força da redução do ritmo das operações internacionais, foram sendo obrigadas a financiar-se à custa da inflação, da inadimplência externa ou de recessão acentuada para reverter — naquelas que adotassem o combate à inflação, como prometeram — o aumento do déficit nas contas externas e nos orçamentos públicos.

A década de 1980 foi perdida para as nações em desenvolvimento, pois evoluíram abaixo de suas possibilidades, limitadas por políticas impostas pelo grupo das sete nações mais desenvolvidas, sem a oitiva ou participação daquelas emergentes.

A queda do muro de Berlim restabeleceu as regras do comércio internacional e, ao protecionismo da *Tokio Round* (Rodada de Tóquio), sucedeu a globalização com temperos protecionistas, que podem ser resumidos no seguinte enunciado: "livre competição, em que as nações desenvolvidas são competitivas e protecionistas naqueles setores onde não o são".

Nesse período da década de 1990, as nações emergentes continuaram a se desenvolver abaixo de suas possibilidades, abrindo, muitas delas, seus mercados, por estarem mal preparadas para os debates nos organismos internacionais, principalmente na OMC (Organização Mundial do Comércio), objetivando regras mais justas para o comércio internacional.

No entanto, a luta para reverter o processo inflacionário, que assolou parcela ponderável dos países emergentes, tornou ainda mais precária a situação da grande maioria deles, que assistia ao monumental progresso da menor parcela da população mundial — a dos países desenvolvidos —, durante quase toda a década de 1990, sem saber como enfrentar seus problemas sociais e econômicos, em face dos mecanismos brutais que lhes foram impostos pelos organismos internacionais, a fim de combater a inflação.

A conseqüência natural foi iniciar o terceiro milênio com a maior parte dos países emergentes globalizados e sem políticas consistentes para seu próprio desenvolvimento, enquanto as nações desenvolvidas passaram a ser as grandes beneficiárias do progresso da década de 1990, em grande parte, à custa dos países subdesenvolvidos.

Ocorreu que, no final daquela década e início do novo século, também os países desenvolvidos, principalmente os Estados Unidos, reduziram o ritmo de seu desenvolvimento por múltiplos fatores, que analisarei no presente livro, o que agravou ainda mais a crise dos emergentes.

Hoje, o mundo desenvolvido vive período de médio, mas instável crescimento, que preocupa seus dirigentes e que agrava consideravelmente a crise nunca solucionada das nações de menor Produto Interno Bruto (PIB), que não se beneficiaram, na mesma proporção, do desenvolvimento econômico dos anos iniciais da década de 1990. China, Índia e Rússia, todavia, têm crescido acima da média, gerando reflexão sobre os métodos que as levaram a tal desempenho.

1.2 Os três mundos emergentes

Os países emergentes podem ser divididos em três blocos.

O primeiro deles é constituído pelos quatro gigantes, a saber: China, Índia, Rússia e Brasil, cuja extensão territorial e população compõem parcela substancial do povo e das terras de todo o mundo.

Os inúmeros problemas sociais que enfrentam no plano econômico, com grandes descompassos, mas com razoável nível de evolução, não afastam a certeza de que um dia transformar-se-ão em grandes potências, por força de seu mercado.

Os interesses, contudo, que investidores de países desenvolvidos mantêm naqueles quatro países os tornam dignos de tratamento diferencial. Esse tratamento distinto, todavia, é de dupla face, visto que, se, de um lado, reconhece o Primeiro Mundo que o colapso de um desses gigantes afetaria, consideravelmente, a própria economia mundial, de outro lado, dispensam-lhes tratamento não tão favorecido quanto aquele de que gozam as outras nações mais poderosas no comércio internacional. São ainda discriminados pelas grandes potências.

O Brasil, por sua extensão territorial, biodiversidade e território quase todo aproveitável para exploração, bem como por possuir população razoável (isto é, mercado), mas ainda não excessiva, oferece melhores condições que os demais gigantes não só pela proximidade em relação às grandes nações e mercados, mas também pela maior docilidade de seu povo, nunca submetido às agruras das guerras violentas que conheceram as outras três nações.

A Rússia possui extensão territorial maior, mas grande parte dela de difícil exploração (Sibéria), potencial nuclear considerável, povo culto e mercado a não ser desprezado.

A Índia é um mercado a ser criado, pois sua imensa população ainda se encontra à margem dele (o mercado real é de apenas 70 milhões de pessoas, em uma população de 1 bilhão), e a China hoje é a mais evoluída das nações emergentes, possuindo mercado organizado, decorrente de uma ditadura política de economia liberal, realidade que nenhuma outra nação ocidental ostenta.

Esses quatro gigantes entre os países emergentes formam um bloco à parte e têm tratamento diferenciado por parte da comunidade internacional.

O segundo bloco dos países emergentes é formado por aqueles com igual nível de desenvolvimento, mas com menor extensão territorial ou menor população, merecendo tratamento menos ameno da comunidade internacional, indiscutivelmente, agressiva em seus objetivos de conquista de novas áreas, com o menor ônus possível.

Argentina, México, Malásia, Indochina e alguns outros países de porte médio conformam esse bloco. O México, com um PIB superior ao do Brasil, não foi guindado ao nível brasileiro no cenário internacional.

Exemplo típico do tratamento diferenciado se verifica perante as crises argentina e brasileira. Ambos os países vivenciaram idênticas crises de confiabilidade, tendo, seguido o receituário do FMI (Fundo Monetário Internacional), instituição apenas preocupada com a manutenção da estabilidade da moeda e dos orçamentos públicos.

O Brasil recebeu, desde o primeiro dia da crise (2002), tratamento *vip*, inclusive empréstimo de 30 bilhões de dólares, que acalmou os mercados internacionais. A Argentina foi abandonada pelo FMI, que impôs condições de impossível aceitação no momento, tendo começado a superar sua violenta crise graças a seus próprios esforços e ajuda do Brasil, e não dos organismos internacionais.

É que o impacto da crise da Argentina na economia mundial foi suportável, mas igual crise nos países do primeiro bloco poderia gerar agudo desajuste, em uma economia global, em momento que era de quase-recessão.

O terceiro bloco de países é formado por aquelas nações de interesse estratégico menor, podendo ser deixadas à própria sorte, se, por acaso, aspecto de interesse das grandes nações não termine por gerar apoio, como ocorreu com o Paquistão, que se aliou à guerra contra o Afeganistão, recebendo incentivos não outorgados a outras nações do mesmo porte.

Mesmo os países produtores de petróleo, neste bloco, são vistos como economias descartáveis e de manutenção apenas enquanto a crise petrolífera não ceder. A Venezuela, o Equador, os países árabes e outros encontram-se neste bloco.

Os países sem qualquer interesse estratégico ficam entregues à própria sorte, sem maior intervenção das grandes nações ou organismos internacionais.

Parcela considerável dos países da América Latina, da África e da Ásia encontra-se nesta condição, ou seja, de nações entregues ao subdesenvolvimento endêmico por falta de interesse estratégico das grandes nações e de densidade territorial ou populacional capaz de sensibilizar o mundo desenvolvido.

1.3 Os três mundos desenvolvidos

Os países desenvolvidos formam, de rigor, três blocos.

O primeiro deles está na América. A grande nação são os Estados Unidos, mas o Canadá compõe o seu universo, principalmente após a formação do Nafta (North America Free Trade Agreement — Acordo Norte-Americano de Livre Comércio). Nada obstante o grande desenvolvimento do Canadá, seu mercado limitado (pouco mais de 20 milhões de habitantes) faz dele uma nação ideal, como qualidade de vida e desenvolvimento, mas não para exercer uma liderança no mundo.

O mesmo não ocorre com os Estados Unidos que, com população superior a 250 milhões de habitantes e um PIB maior que 11 trilhões de dólares (o PIB mundial está em torno de 35 trilhões), não só definem o destino econômico do mundo, como seus dirigentes se auto-outorgam o direito de dizer o que é bom e o que é ruim para a humanidade.

As operações contra o Iraque, em 1991 e 2003, e contra o Afeganistão, em 2001, foram deliberações dos Estados Unidos com ou sem o aval da ONU (Organização das Nações Unidas) e da grande maioria das nações, desenvolvidas ou não.

O mesmo se diga da operação contra a Iugoslávia, em que a decisão de combater Milosevic decorreu do aval dos americanos e de decisão de um seleto grupo de países desenvolvidos, sem o apoio dos demais.

Nas operações mencionadas, toda a concepção jurídica de soberania elaborada no correr dos séculos, principalmente após o advento do constitucionalismo moderno — houve, em Atenas, um direito nos moldes do constitucionalismo atual —, foi posta de lado, contando apenas o superior interesse das nações mais fortes, que se auto-outorgaram o direito de intervir em assuntos alheios sempre que seus dirigentes assim entenderam necessário. Em outras palavras, o conceito de soberania nacional foi substituído pela lei do mais forte. Não do "direito de ingerência da ONU", mas do "direito" de a nação mais forte impor sua vontade.

E como a economia americana, de certa forma, serve de sinalização à estabilidade econômica mundial, todos os países, em menor ou maior intensidade, que são dela dependentes, à evidência, curvam-se à sua liderança auto-suficiente, que não carece, pois, da oitiva das demais nações. É esse o componente maior dessa nova realidade em que, após a queda do muro de Berlim, todos os países passaram a ter uma dimensão secundária.

O segundo bloco de nações é constituído pela União Européia, em que nações mais fortes, como França, Alemanha, Inglaterra e Itália, e nações mais fracas, como Portugal e Grécia, ficam integradas em uma mesma estrutura de natureza — a meu ver — federativa, formando um bloco que decide em conjunto sobre todos os assuntos comunitários.

À evidência, a progressiva integração dos países do Leste Europeu, que se livraram do domínio soviético, provocará período de adaptação em que, nos primeiros tempos, sua "*performance* econômica" deverá ser menor. Ocorrerá com a União Européia o que ocorreu com a Alemanha Ocidental quando da incorporação da Alemanha Oriental. Hoje são 25 países que compõem a União Européia, com alguma discriminação aos naturais dos países socialistas "recém-convertidos".

Nitidamente, como estrutura de integração, sua superioridade sobre a nova zona de livre comércio, em que o Nafta se constitui (Estados Unidos, Canadá e México), oferece, a meu ver, a longo prazo, melhores perspectivas de evolução conjunta do bloco de nações, nada obstante os problemas próprios, que sinalizei no livro *Uma Visão do Mundo Contemporâneo*, quanto ao decréscimo da população — pela "não produção de europeus", na feliz expressão de Simone Weil, e maior prole nos países emergentes — e o crescimento dos nacionalismos radicais, ainda insolucionados.

O terceiro bloco, de rigor, é constituído de um único país (Japão), com participação de países emergentes, que são os tigres asiáticos, conformando uma economia forte, em que nada obstante os 5 trilhões de dólares do PIB japonês, a Coréia do Sul apresenta melhores condições de evolução futura do que o próprio Japão, que ainda não solucionou por inteiro os grandes problemas gerados há alguns anos por seu sistema financeiro.

Claramente, os três blocos das nações desenvolvidas têm, no momento, melhores condições de progresso que as nações emergentes, todas elas com inúmeras e sérias questões — algumas delas vestibulares, como a da manutenção de baixa inflação —, cuja solução exigiria investimentos de natureza social de difícil obtenção em um mundo globalizado. Este exige disputa de mercados com cada vez melhores produtos e serviços, por menores custos. Não há, pois, muito espaço para políticas sociais consistentes, as quais, por outro lado, também dependeriam, nos países emergentes, de estruturas administrativas modernas e não esclerosadas, como ocorre com a administração pública, na maior parte deles.

Em outras palavras, na realidade atual, nada obstante algum progresso nas nações em desenvolvimento, o *gap* entre elas e as nações desenvolvidas tenderá a crescer, como ocorreu na década passada, tornando mais difícil a eliminação de conflitos e de gestos extremos, entre os quais o terrorismo político é apenas uma das facetas.

1.4 Ásia, África e Oceania

A Ásia é um continente que hospeda as mais antigas civilizações do globo (chinesa, hindu e de diversas nações extintas do oriente próximo), incorporando tradições históricas, elevada cultura humanística e grande miséria de parcela de sua população atual, sobretudo aquela vinculada à religião islâmica, na Índia e no Paquistão.

O Japão, como já disse, sobressai-se, como a Coréia do Sul, pelo nível de desenvolvimento a que chegou, o mesmo não ocorrendo com a Coréia do Norte, onde a miséria é grande, ou com a China que, nada obstante o seu notável crescimento na década de 1990 (mais ou menos 8% ao ano do PIB), apenas mantém a ordem política e social em face de severa ditadura, ironicamente desejada pelos "democráticos" países ocidentais, que vêem nessa ordem a estabilidade de um mercado crescente.

Os demais países que compõem esse bloco, inclusive a Índia, vivem insolucionados e talvez insolucionáveis problemas de superpopulação, fome e moléstias endêmicas, perturbações sociais, religiosas e políticas, sobre não haver harmonia entre as nações, em permanente pé de guerra nos últimos 30 anos (Laos, Camboja,

Vietnã, Índia, Paquistão, Iraque, Irã, Kuwait, Emirados, Israel). O crescimento da Índia e da China ainda está aquém de seus inúmeros problemas.

Até mesmo o oriente próximo vive incomensuráveis dramas, e os países árabes, africanos e asiáticos — de rigor, é o Mar Vermelho que os separa do continente —, nada obstante seu enorme potencial petrolífero. Tal riqueza, entretanto, não tem retornado a favor da qualidade de vida de seu povo, que viceja na miséria.

É um continente com fantástica possibilidade de crescimento econômico, desde que implementadas medidas de convivência política e religiosa, muito embora sua superpopulação gere problemas cujo custo social de adequação exigiria grandes investimentos da comunidade internacional, se esta estivesse interessada no fortalecimento desses mercados. Ocorre que, como analisarei adiante, os mercados são aproveitados pelos investidores privados, mas são criados, fundamentalmente, pelos governos, o que os torna — sem uma política comunitária regional de superação de divergências — de impossível evolução natural nos próximos tempos. Sua pacificação será, necessariamente, traumática. E, nesse particular, a prepotência belicosa de Bush e Sharon nada contribui para a melhoria de perspectivas.

A África é um continente com pulverização de nações e com mentalidade — em grande parte das regiões — ainda tribal. Em um mesmo país, as tribos, lembrando tradições milenares, digladiam-se como se vivessem em tempos ancestrais. E a unidade possível, para um país africano, é particularmente difícil, até porque, exceção feita à civilização egípcia, que predominou durante milênios, o continente não tem tradição cultural de monta, prevalecendo, ainda, a subcultura dos tempos primitivos.

O grande diferencial das culturas primitivas da América e da África é que, na América — e as culturas maia, asteca e inca eram superiores à maioria das culturas africanas atuais —, seus descendentes praticamente desapareceram, tendo sido absorvidos pelos espanhóis e portugueses, na América Latina. Restou apenas um tipo étnico aculturado na América.

Na África, o domínio francês, o português e principalmente o inglês apenas desapareceram na segunda metade do século passado, quando as antigas colônias tornaram-se independentes, sem quadros dirigentes próprios, saindo seus líderes das tradições tribalistas dos diversos grupos étnicos que dominavam o território africano.

A rápida ruptura do modelo colonial para o de nações independentes tornou o continente africano uma praça tribal com economia instável, política incerta e capacidade de desenvolvimento reduzida, diante da imensa distância entre os diversos povos e um ideal supranacional de integração.

Há, todavia, um notável potencial de crescimento à espera de um líder carismático capaz de reunir as múltiplas tendências nativas, aproveitando as inúmeras riquezas do continente, entre as quais a do petróleo não é a maior.

Por fim, a Oceania é um continente do qual 70% correspondem à Austrália — se considerarmos que Malásia, Indonésia e Filipinas fazem parte da Oceania e não da Ásia. Caso contrário, aquele país teria mais de 85% do continente, cabendo os restantes 15% à Nova Guiné e à Nova Zelândia.

Embora nenhuma das nações esteja entre as que mantêm os sete ou os dez maiores PIBs do mundo, a Austrália ostenta belo nível de desenvolvimento, com baixa população e grande território; a Indonésia, alta população com pouco território, representando as duas grandes expressões econômicas da região.

Seu potencial de crescimento é muito grande e os problemas sociais, culturais e religiosos de menor monta, pois, mesmo onde o islamismo tem força, os confrontos religiosos jamais chegam ao nível daqueles conhecidos na Índia.

O certo é que os três continentes hospedam uma elevada população de um mundo em grande parte subdesenvolvido e sem grandes possibilidades de crescimento imediato, exceção feita aos dois gigantes a que já me referi (China e Índia), mesmo assim com problemas de difícil solução para que isso ocorra.

1.5 A EUROPA

A Europa, hoje, é constituída de três blocos.

O primeiro é a União Européia, que conforma 25 países. O segundo, hoje reduzido, é constituído do antigo grupo da Efta (European Fair Trade Association — Associação Européia de Livre Comércio), além da Suíça, visto que quase todos os países já estão integrados à Comunidade. E o terceiro é constituído dos países que se independeram do domínio soviético ou que se desprenderam da própria União Soviética, cuja República Socialista se decompôs após a queda do muro de Berlim, entre eles a Rússia.

Os estágios de desenvolvimento são diferentes. Após o Tratado de Maastricht e o de Amsterdã, a União Européia consolidou-se de vez, mormente depois da criação do Banco Central Europeu, com a maior parte de seus países adotando o euro.

Nada obstante a relativa estabilidade do euro, nos primeiros anos de sua implantação, a verdade é que ainda deverá ser testada a capacidade de intervenção do Banco Central em uma crise sistêmica ou necessidade de ajuda financeira a algumas nações do bloco em dificuldade, simultaneamente, com as implicações políticas decorrenciais. É que o Banco Central Europeu tem um poder de intervenção nas finanças públicas nacionais considerável, visto que um dos pressupostos da adoção do euro, no seu início, em 11 países, foi o de manter um "déficit público", no conceito nominal de, no máximo, 3%.

O certo é que este bloco, que já adotou em tese uma Constituição Européia — embora no primeiro embate não tenha conseguido superar algumas dificuldades semânticas — e dar a cada cidadão o direito de ser "europeu", se nascido em qualquer dos Estados-membros, ou por eles reconhecido como tal, constitui hoje a realidade maior daquilo que eu visualizara, em meu livro *O Estado de Direito e o Direito do Estado*, em 1977, como a grande semente do "Estado Universal".

Seu PIB é superior ao dos Estados Unidos e quatro de suas nações estão entre os sete maiores PIBs do mundo (Alemanha, França, Inglaterra e Itália).

O segundo bloco europeu é constituído de países de pouca população e grande desenvolvimento econômico, estando entre as nações mais avançadas do mundo na evolução econômica e social, como Noruega e Suíça.

Tais nações, todavia, pelo elevado peso tributário de seus programas sociais, têm perdido competitividade, o que, nos últimos anos, levou — mesmo países como a Suécia — a reduzirem a carga tributária, muito embora ainda estejam em patamares consideravelmente elevados. Algumas delas ingressaram na União Européia.

É que o excesso de tributos, em uma economia globalizada, induz os investidores a aplicarem recursos em países de políticas tributárias mais "civilizadas", uma vez que tira competitividade interna e externa de nações que o praticam.

E, na integração dos novos dez países, certamente a política tributária será redirecionada para um peso impositivo menor, visto que, dessa forma, reconquistarão competitividade em relação aos demais parceiros comunitários.

O último bloco é constituído pelos países do Leste Europeu.

Toda uma geração, nesses países, está perdida. Acostumada a ter o Estado pensando por ela, não se adaptou aos novos tempos, em que a realização pessoal se faz na disputa e na luta por mercados.

O regime soviético ensinou a geração mais velha a obedecer, dando-lhe em troca segurança, habitação, alimentação, educação e saúde, em níveis de singeleza absoluta, com o emprego garantido pelo Estado e sem grandes possibilidades de alterações ou crescimento.

Tendo o Estado deixado de pensar por ela, não estava preparada para decidir por conta própria, vivendo hoje um processo de exclusão social e de problemas psicológicos de grande monta.

A nova geração, todavia, já principia a ser formada em outros padrões, devendo ofertar melhores condições futuras a essas nações recém-libertadas do jugo soviético.

De qualquer forma, o projeto de integração de todas ou quase todas elas à União Européia deverá causar efeito semelhante ao que a Alemanha enfrentou ao integrar a Alemanha Oriental. O primeiro teste é a leva de novos países que em 1º de Maio ingressaram na União Européia, como Hungria, Polônia, República Tcheca etc.

O certo, todavia, é que essa assimilação em um espaço comunitário único — passadas as turbulências iniciais — poderá gerar um Estado Universal, no espaço europeu, capaz de ultrapassar o individualismo americano ou os esforços de crescimento do continente asiático, à luz da força atual do Japão e do futuro da China.

Grandes transformações certamente ocorrerão, nos próximos tempos, sendo irreversível, a meu ver, a universalização dos espaços regionais.

1.6 A AMÉRICA

Os 34 países da América podem ser também divididos em três grandes blocos.

O primeiro deles inclui duas nações com grande extensão territorial e desenvolvimento (Estados Unidos e Canadá), mas com populações diversas, em composição e número. Os Estados Unidos atingirão 300 milhões de habitantes ainda na primeira metade do século XXI. O Canadá dificilmente ultrapassará os 40 milhões, em idêntico período.

Formam, todavia, a parte rica do continente, que tem apenas nos Estados Unidos 80% do PIB de toda a área; os outros 32 países são responsáveis pelos 20% restantes.

De há muito se fala que os Estados Unidos já não têm o que crescer e que, em breve, entrará em sua fase decadencial.

Não acredito que isso ocorra. É de se lembrar que esse país consome as reservas petrolíferas mundiais, em face do gradual esgotamento de suas próprias reservas. A guerra do Iraque poderá ter tido o objetivo de assegurar fornecimento futuro. Enquanto os interesses maiores dos produtores de derivados de petróleo, cujo controle é fundamentalmente dos Estados Unidos, permanecerem elevados, apesar de sua força poluidora, continuarão impedindo a propagação de formas não poluidoras de geração de energia, como a utilização do álcool como combustível.

Os Estados Unidos, ao celebrar o Nafta, com México e Canadá, impuseram suas regras, como sempre o fizeram desde que adquiriram status de nação desenvolvida, no fim do século XIX. Dessa forma, aproveitam os mercados canadense e mexicano, com o livre trânsito de mercadorias, mas não de pessoas, pelo menos, quanto ao México. O Canadá é auto-suficiente economicamente e sua pequena população, se não gera um grande mercado, permite uma administração mais tranqüila, ao nível de países como a Suécia, Noruega, Dinamarca ou Finlândia.

O segundo bloco é formado pelas três grandes nações da América Latina: Brasil, México e Argentina.

No momento, por uma questão de natureza cambial, o PIB mexicano é superior ao do Brasil, mas, analisando-se a capacidade de produção industrial, a qualidade dos serviços prestados e o nível de tecnologia já conquistada, constata-se que o Brasil se mantém à frente do México quanto ao desenvolvimento.

A Argentina é a terceira grande nação do segundo bloco, devendo superar sua crise atual e crescer com padrões semelhantes àqueles que teve na primeira metade do século passado. De alguma forma, a comunidade financeira internacional atuará para tornar viável o crescimento argentino, inclusive com eventual perdão de parte de sua dívida.

É evidente que um esforço para recuperação de seu parque empresarial é importante, implicando reforma administrativa de monta.

O Brasil tem tudo para crescer, apenas o custo político da Federação constitui seu grande obstáculo. A burocracia, que se multiplicou, na criação de inúmeras exigências administrativas inúteis e em funções desnecessárias, hoje consome a maior parte da receita tributária — a outra é o sistema caótico da previdência instituído pela Constituição de 1988 —, impedindo o desenvolvimento e gerando desemprego. Quando conseguir se desamarrar de tais obstáculos, poderá administrar seu nível de endividamento, aliviado do peso inútil da excessiva e esclerosada burocracia. Se for adotada alguma forma de financiamento financeiro para a Argentina, poderá o Brasil exigir o mesmo tratamento por parte da comunidade internacional.

O PIB desse segundo bloco é responsável por mais de 10% do PIB norte-americano.

O terceiro bloco é formado por nações menores, com PIBs menores, e é integrado por todas as demais nações da América Central — todos os países da costa do Pacífico e aqueles localizados no interior do continente (Bolívia, Peru e Paraguai), além do Uruguai.

Seu PIB global é inferior aos PIBs do Brasil, México e Argentina juntos.

O grande esforço de consolidação do Mercosul (Brasil, Argentina, Uruguai e Paraguai), já em nível não de zona de livre comércio como o Nafta, mas de União Aduaneira, é, a meu ver, irreversível, nada obstante a crise econômica que assola os países do grupo.

O problema é que não conseguiram, os países signatários daquele Tratado, sensibilizar os demais integrantes da América Latina, o que, se tivesse ocorrido, facilitaria o diálogo simultâneo com a futura Alca (Área de Livre Comércio das Américas) e com a União Européia.

O grande acordo que se pretende viabilizar, que é aquele de formação da Alca, e que os Estados Unidos consideram essencial para o domínio da região, tem dificultado a adesão de outros países latino-americanos ao fortalecimento de um bloco igual latino-americano, pois são os Estados Unidos os primeiros a torpedearem qualquer avanço na integração latino-americana.

Até 2005, a Alca terá sido instalada e, dependendo da maior ou menor instabilidade dos governos dos países latino-americanos em fortalecer e ampliar o Mercosul e estreitar suas relações com a União Européia — o que daria uma vantagem competitiva nas negociações para estabelecimento do "iter" jurídico da Alca —, essa entidade será criada sob o domínio e repressão dos "guardiões do mundo *pro domo sua*", que são os Estados Unidos.

O certo é que, nos próximos anos, a América Latina definirá seus destinos para as décadas seguintes, que poderá implicar maior independência dos países que a compõem ou uma dependência quase total aos humores americanos.

O tempo está se esgotando e a crise dos países emergentes na América favorece mais a estratégia americana de domínio da Alca do que a formação de um bloco igual latino-americano.

Capítulo 2

A GLOBALIZAÇÃO DE FATO

2.1 Capitalismo selvagem *versus* competitividade legal

A exploração dos mercados e a busca de seu domínio é o objeto primeiro dos empresários privados. A empresa pública, normalmente, ou tem mercados cativos, carecendo de disputas, ou é financiada, em seus *déficits* de natureza predominante política, pelos contribuintes do Estado.

O empresário privado tem necessidade de buscar mercados e seu limite é a lei ou o competidor mais eficaz.

Quem pretende progredir na busca de mercados sabe que não há outros limites, e seu ideal é o crescimento permanente. Quanto maior o empreendimento, maiores as ambições, e os financiadores do empreendimento tornam-se mais exigentes em relação aos resultados.

Sem lei ou competidores, o capitalismo é selvagem. A lei tem como intuito, desde o Shermann Act, do século XIX, evitar a dominação de mercados, o abuso do poder econômico e a eliminação da concorrência.

Os países, todavia, dependem da *performance* de suas empresas para, no comércio internacional, obter superávits na balança, com o que buscam formas veladas ou não de subsídios e proteção dos mercados próprios.

Se, no campo do mercado interno, os países criam legislação própria de combate aos desvios de rota para permitir uma competitividade não predatória, no plano internacional, cabe a organismos conformados para esse fim (anteriormente o Gaat e hoje a OMC) criarem os mecanismos de solução de controvérsias, o mesmo ocorrendo com o instrumental dos acordos plurirregionais, como, por exemplo, os institutos de disciplina da concorrência da União Européia.

O grande problema, todavia, reside no fato de que a imparcialidade possível do legislador de cada país em regular a concorrência, no plano interno, inexiste no plano internacional, em que cada país prefere prevalecer o princípio de que suas empresas devem ser as beneficiárias do comércio internacional, ainda que as regras da *fair competition* sejam feridas.

O governo do Canadá, fortemente influenciado nas eleições que o escolheram pela firma Bombardier, sempre auxiliou, aética e ilegalmente, a empresa competidora da Embraer, pois a conquista dos mercados interessava mais do que o cumprimento da legislação internacional de livre competição.

O Canadá não é o único descumpridor de regras internacionais na defesa ilegal da conquista de mercados, estando os Estados Unidos, toda a União Européia e o próprio Japão, envolvidos em universal protecionismo, o que torna a busca de mercados seu objetivo único, jamais abrindo mão, nos produtos em que são competitivos, de exercerem o poder de sua força comparativa.

É interessante notar que todos os países têm seus órgãos de disciplina da concorrência. No Brasil, a Secretaria de Defesa da Economia e o Cade (Conselho Administrativo de Defesa Econômica) são os grandes organismos administrativos desse controle.

É também interessante notar que o § 4º do artigo 173 da Constituição Federal brasileira declara que "A lei reprimirá o abuso do poder econômico que vise à dominação dos mercados, e eliminação da concorrência e ao aumento arbitrário dos lucros", mostrando estarem, na essência da filosofia macroeconômica brasileira, regras claras contra o domínio da concorrência.

Infelizmente, é da índole do capitalismo a selvagem busca de mercados, usando de mecanismos legais e ilegais, inclusive corrupção, *lobbies* legislativos, suborno e mídia, na luta para impor-se.

No século XIX, Galbraith mostrou como a atuação aética das empresas norte-americanas fortaleceu a economia dos Estados Unidos, tornando-a a mais poderosa do século XX, mas gerando a reação que culminou com o Shermann e com o Clayton Acts, este último de 1913.

Pessoalmente, não vejo na lei e em autoridades dignas senão o controle do abuso do poder econômico, uma vez que é da essência do capitalismo conquistar mercados e vencer concorrentes a qualquer custo.

O grande dilema mundial reside, pois, em como transformar tais regras fundamentais ao controle do capital em regras com o indiscutível apoio dos governos, quando aproximadamente 200 países disputam as áreas competitivas do mundo inteiro, por meio de suas empresas, e os níveis de desenvolvimento tecnológico, econômico, social e de políticas tributárias e trabalhistas são diversos.

O certo é que a globalização implica a predominância das doutrinas capitalistas e de seu mercado e da livre concorrência, mas aqueles que buscam tais mercados têm, como único objetivo, conquistá-lo e, no plano internacional, com o apoio declarado de seus países. E, nesse conflito, verdadeiro jogo de xadrez com 200 participantes, nem sempre a disciplina legal da concorrência prevalece, visto que o poder econômico dos mais fortes tem razões que a razão legal desconhece.

2.2 O PROTECIONISMO DOS MAIS FORTES

Os países mais fortes — inclusive os Estados Unidos — foram considerados colonialistas. Talvez o maior colonialista deles tenha sido a nação norte-americana, pois não perdeu os territórios conquistados após a independência, os quais se transformaram em Estados, hoje integrados ao país da mesma forma que, no passado, as repúblicas socialistas compuseram a União das Repúblicas Socialistas Soviéticas (URSS). A esses territórios conquistados acrescentaram-se aqueles conquistados de outros países, inclusive do México.

Apenas a perfilação americana foi mais eficiente do que a da URSS, atualmente não sendo as antigas áreas conquistadas regiões de segunda categoria, mas Estados dos Estados Unidos da América e sem distinção.

A mentalidade de conquista dos ancestrais, todavia, permanece com a convicção de que os demais países subdesenvolvidos devem sujeitar-se a seu domínio, e só não impondo aos países desenvolvidos idêntico tratamento, porque têm eles força e densidade próprias de nação.

Em outras palavras, todos os países desenvolvidos, sem exceção, sempre viram o mundo subdesenvolvido com olhos de superioridade, devendo este submeter-se à sua liderança e às diretrizes econômicas que determinarem, *pro domo sua*.

De rigor, os tempos modernos não são muito diferentes dos antigos, na história humana, em que os países menores eram considerados meras regiões de serviço dos dominadores, como aconteceu com os egípcios, elamitas, mitânios, babilônios, assírios, hititas e gregos, na sua dimensão de *polis*, e, principalmente, os romanos.

O grupo dos oito, do qual a Rússia participa apenas por deter arsenal nuclear, reúne-se à revelia das quase 200 nações do mundo, definindo as regras próprias da economia mundial em benefício próprio.

Nem mesmo a OCDE (Organization for Economic Co-operation and Development — Organização para Cooperação e Desenvolvimento Econômico), cujo número de países-membros fundadores é pequeno, portanto, define as regras gerais de convivência jurídica. A política econômica pertence às grandes nações, lembrando-se de que a OMC, por enquanto, sugere sanções de retaliação de ordem apenas moral, visto que a maioria dos países beneficiários tem receio de aplicá-las.

É que, na visão colonialista das nações desenvolvidas, o protecionismo sempre foi e será instrumento de dominação, desde que apenas por elas praticado, odiosa sendo tal prática quando exercida pelos países emergentes. Isso porque estes sempre foram colônias e hoje apenas mudaram seus rótulos, de colônias para nações independentes. Sua soberania, contudo, só é exercida quando consentida por nações desenvolvidas.

Verifique-se, por exemplo, o que ocorreu com o Iraque ou a Iugoslávia, recentemente, em que a intervenção dos países desenvolvidos não respeitou o direito das nações e foi decidida, à revelia da ONU (Organização das Nações Unidas), pelo menos no caso do Iraque.

Com essa mentalidade, o protecionismo das nações desenvolvidas é de difícil contorno, pois, mesmo quando as nações emergentes ganham direito de retaliação, tornam-se inviáveis tais medidas, com o medo da "retaliação do futuro", que as nações mais avançadas podem executar no comércio internacional e, principalmente, por meio do sistema financeiro internacional, público e privado.

Em outras palavras, o protecionismo agropecuário europeu e as sobretaxas americanas são apenas dimensões da mentalidade colonialista, que lembra a fala de Cálicles contra Sócrates, no diálogo *Górgias*, de Platão, em que dizia que a natureza das coisas impõe ao fraco o direito à sua fraqueza e ao forte o direito à sua fortaleza, não devendo a lei, portanto, beneficiar o fraco contra o forte porque seria contrariar a "lei da natureza".

No direito das nações, a fala de Cálicles parece ainda — pelos rumos que toma o comércio exterior — prevalecer sobre o bom senso de Sócrates, visto que as nações desenvolvidas não respeitam as práticas correntes de um comércio em que todas as nações deveriam ter tratamento idêntico, com um sistema até de maior benefício para as nações emergentes, como ocorreu no período de integração dos países menos desenvolvidos da União Européia, que tiveram privilégios tarifários diversos para que crescessem e convivessem dentro da comunidade, em igualdade de condições futuras com seus parceiros.

É evidente que o equilíbrio de forças, a longo prazo, tenderá a mudar. A aventura humana é muito pequena na história do mundo, que, em períodos de 26 em 26 milhões de anos, é atingido por corpos siderais (cometas ou asteróides), que eliminam mais de metade das espécies existentes. E tal constatação (Cometas de Carl Sagan, Ana Druyam) deveu-se às camadas de irídio existentes e às espécies que desapareceram, cujos resíduos deixados nas rochas são o atestado de tais choques planetários.

O certo é que os 6 mil anos de história narrada ou, pelo menos, os 20 mil anos, desde o início da civilização, é período extremamente curto para definir o futuro da história humana (primeiros desenhos em cavernas). Nesse período, todavia, a idéia de dominação dos povos foi uma constante, bem como o choque entre os fortes e fracos, com regras definidas pelos fortes e obedecidas pelos fracos, sendo elas, como dizia Hart (*O Conceito do Direito*), realizadas sempre em benefício dos fortes, porque por eles conformadas.

O protecionismo, portanto, é uma característica ainda hoje do comércio internacional, lembrando-se que, em 1979, o Gaat foi favorável à sua prática pelos países fortes, para enfrentar o segundo choque de petróleo, e, após a queda do muro de Berlim, favorável à globalização defendida pelos fortes para conquistar o mercado dos fracos.

Em face desse descompasso entre o discurso e a prática é que acredito que as rodadas mundiais (Seattle, Davos, Kuwait, Doha etc.) resultam em soluções não globais, pela indiscutível injustiça das imposições das nações mais desenvolvidas.

2.3 A QUEDA DA BARREIRA DOS MAIS FRACOS

A década de 1990 foi responsável pela abertura dos mercados dos países emergentes, que lutavam para enfrentar a inflação, seu maior problema.

De rigor, o fenômeno inflacionário, quase sempre fruto de políticas governamentais mal escolhidas e de despesas públicas desnecessárias com a máquina improdutiva e com os privilégios do poder, foi debelado na esmagadora maioria das nações emergentes, a um custo social elevado e a um processo recessivo acentuado. A verdade é que as políticas clássicas do FMI (Fundo Monetário Internacional), para cortar o surto auto-realimentador de inflação, implicava, como ainda implica, política de juros elevados para desestimular o consumo, além do que a abertura das barreiras alfandegárias serviu para permitir que a entrada de produtos estrangeiros sufocasse a elevação dos preços internos.

Por outro lado, uma política tributária onerosa, em face das dificuldades de reduzir-se o déficit público pela coluna das despesas e desperdícios oficiais, gerou a impossibilidade, na maior parte dos países emergentes, de fortalecer o surgimento de um autêntico empresariado nacional, com reais condições competitivas internas e externas.

Tributos elevados, juros acima do mercado internacional, eliminação de barreiras alfandegárias e recessão provocada para evitar a inflação de demanda terminaram por provocar uma drástica redução do processo inflacionário, assim como uma indiscutível desnacionalização das empresas criadas nos próprios países, que foram substituídas ou por empresas estrangeiras ou por produtos estrangeiros importados.

A tese de que, no capitalismo, a igualdade deve ser de oportunidades e de que a competitividade gera produtos melhores e mais baratos para o mercado jamais pôde ser comprovada nos países emergentes, em face da clara descompetitividade provocada, em relação aos empresários nacionais, pela política de estabilização monetária proposta pelos países desenvolvidos e pelo FMI.

Os juros mais elevados, no mercado interno, tornam impossível para o empresário nacional competir, no país e no exterior, com os financiamentos a que têm acesso os empresários dos países desenvolvidos, que exportam para o Brasil e para outros países, com financiamentos consideravelmente mais favoráveis.

Por outro lado, a falta de uma máquina arrecadatória eficiente, em alguns países como o Brasil, elevou a carga tributária a níveis fantasmagóricos (2002 terminou com uma carga tributária de 37,2 no Brasil), com o agravamento de que parte da tributação necessária para gerar "superávits primários" incidia sobre as operações de exportação, com o que o país, assim como a Argentina, passou a exportar tributos juntamente com os produtos. O quadro não mudou em 2003, apesar da EC nº 42, que pretende desonerá-las.

O Brasil, que atingira considerável independência e auto-suficiência industrial, viu parte de seu parque fabril ser sucateada e substituídos os produtos brasileiros — mais caros, por força de juros e tributos — por produtos estrangeiros mais baratos. Títulos e câmbio supervalorizados destruíram a produção nacional, o mesmo ocorrendo com a Argentina.

É que a necessidade de manter estável o parâmetro cambial comparativo às outras moedas de livre comércio — fenômeno que ocorreu na década de 1990 no Brasil, Argentina e Uruguai — levou, quase sempre, à supervalorização da moeda interna, dificultando ainda mais a capacidade de exportação dos países emergentes citados.

E, no campo em que mantinham condições de competitividade, para superar sua "vantagem", o protecionismo das nações desenvolvidas lancetava o esforço exportador dessas nações em desenvolvimento.

Dessa forma, o combate à inflação terminou por gerar descompetitividade interna e externa das empresas nacionais dos países emergentes, além da abertura de seus mercados aos países estrangeiros, não tendo, todavia, competitividade comparativa nos produtos enviados para os países desenvolvidos.

Por outro lado, nas decisões da OMC — criada em 1995 e que hoje conta com 144 países, como decorrência das rodadas do Gaat e, principalmente, da última do Uruguai — predominam os interesses dos países desenvolvidos, com exclusão de seu exame dos segmentos descompetitivos das nações desenvolvidas.

Sendo assim, 64% das decisões da OMC favoreceram, nesse período, as nações desenvolvidas — alguns falam em 73% —, tendo-se a nítida impressão de que, naquele organismo, se desenvolve um jogo de cartas marcadas em prol das nações desenvolvidas, que comandam a economia mundial, à revelia dos países emergentes. A parcial decisão sobre o algodão a favor do Brasil contra os Estados Unidos é exceção. O mesmo se diga em relação à rodada preparatória de julho de 2004.

Tais nações desenvolvidas têm forçado o chamado Acordo do Milênio, em que todos os países adeririam a seu predomínio mundial, com a preservação de privilégios e abertura indiscriminada para elas dos mercados das nações emergentes.

As rodadas de 2000 e 2002 fracassaram, o mesmo ocorrendo com a rodada de 2003, em face da inequívoca desigualdade de propostas e acentuado favorecimento das nações desenvolvidas, a que se renderiam as nações emergentes, se assinassem os documentos propostos.

Em outras palavras, há ampla discussão, no plano mundial, sobre as regras — ainda absolutamente desiguais, parciais e favorecedoras dos países desenvolvidos — predominantes no comércio internacional, com os países emergentes apenas agora se rendendo conta dos efeitos da abertura pretérita não negociada e que não teve contrapartida de abertura dos mercados dos desenvolvidos para seus produtos e serviços.

2.4 Os grupos empresariais e os *lobbies* nos governos

Em parte, as políticas referidas até o presente das nações desenvolvidas e emergentes não decorrem apenas dos governos, mas da sociedade nos regimes democráticos e, principalmente, dos grupos empresariais mais fortes e dos investidores no mercado de capitais e no sistema financeiro.

Quando se criticam os "mercados", dizendo que nenhum país deveria ficar sujeito à sua tirania, tal ideal é apenas de possível discussão em tertúlias acadêmicas. Nem as nações mais poderosas estão livres das decisões racionais ou emocionais dos mercados formados pelos investidores e pelas empresas.

Há 100 trilhões de dólares em ativos financeiros e de capitais circulando pelo mundo, contra um PIB mundial que se situa em torno de 35 trilhões de dólares. Mesmo os Estados Unidos, com seus mais de 11 trilhões de dólares de PIB, não controlam os mercados, estando sempre sujeitos a seus humores, receios e interesses.

Em outras palavras, quem detém o dinheiro é aquele que determina o curso da economia e não os governos, que podem tentar orientar sua aplicação, mas não podem bater de frente, risco de terem apenas um momento de apropriação de riquezas, vendo, depois, secarem as fontes de investimentos.

Mesmo governos de esquerda, quando vencedores das eleições, adotam o discurso do mercado, como ocorreu com os governos socialistas da União Européia, na década de 1990, ou agora, com o governo Lula, no Brasil.

A política é a arte de se manter no poder. Mantém-se aquele que sabe negociar, transigir, ceder, conquistar, eliminar adversários. Ou aquele que tem carisma próprio para exercer seu próprio estilo e obter o reconhecimento popular.

E, à evidência, o poder é caro. Custa dinheiro. Não se conquista sem grandes gastos e sem grandes compromissos que, de forma direta ou indireta, serão pagos, no tempo.

Ora, os *lobbies* dos detentores de dinheiro perante os detentores do poder é uma realidade mundial que faz com que os mercados imponham suas regras não só por meio de mecanismos próprios (bancos e instituições financeiras) como também de pressões diretas sobre os governantes.

A corrupção é o acompanhante mais fiel de qualquer governo. Se bom o governo, é pouca. Se mau, é grande. Só nas ditaduras absolutas, como ocorreu no Iraque, não há corrupção, pois tudo pertence ao detentor do poder, que pune o corrupto por estar tomando aquilo que lhe pertence, como nas monarquias absolutas, por seu direito de tirania total.

Ora, quando os mercados reagem à perspectiva de perda tirando recursos de países emergentes, ou pressionam os governos desenvolvidos a não abrirem mão de seu protecionismo, sua força é inequívoca, pois podem descompassar os países emergentes ou desestabilizar as ambições políticas dos países desenvolvidos, mediante pressão eleitoral ou corte de financiamentos de campanhas.

Essa é a razão pela qual não é fácil contestá-los, devendo o "social" de qualquer política decorrer naturalmente da melhoria da economia para contentar os mercados, pois só com o crescimento do "bolo" há possibilidade de divisão e de multiplicação dos próprios mercados.

Os países que cuidaram do "social", olimpicamente desconsiderando os mercados, fracassaram. Essas nações, em que a economia patina e suas realizações sociais são apenas aparentes, vivem quase sempre em ditaduras e sem oposições, o que torna mais fácil decantar, pelos ideólogos de esquerda, façanhas efetivamente inexistentes.

O certo é que as políticas dos países em desenvolvimento ou desenvolvidos nem sempre são feitas pelos próprios governos, e a globalização atende mais à força dos mercados do que àquela dos Estados.

2.5 A IMPOSIÇÃO DAS NAÇÕES MAIS RICAS

Não há soberania das nações em matéria econômica. Os países desenvolvidos estabelecem as políticas de acordo com o interesse de seus nacionais e, principalmente, dos grupos econômicos lá estabelecidos. Os países emergentes são obrigados a adotá-las, com risco de passarem por sanções próprias do mercado, ou seja, retaliações, tarifas compensatórias, restrição na aquisição de produtos e serviços, além do corte de investimentos privados e financiamentos oficiais.

Mais que isso, as sanções econômicas podem decorrer de divergência de natureza política, como ocorreu com Cuba.

Em outras palavras, a força de imposição das nações mais ricas é fantástica, não havendo, ainda, mecanismos efetivos — os que existem são de ordem exclusivamente moral — capazes de sustar esse poder impositivo.

A própria reunião permanente do Grupo dos 8 (G-8) — sem intervenção dos países emergentes ou de outras nações desenvolvidas — demonstra que a real política econômica mundial tem suas diretrizes definidas por apenas sete nações desenvolvidas, tudo o mais é mera conseqüência de políticas marginais de adaptação às deliberações das sete maiores economias do globo.

Dir-se-á que o fracasso das diversas rodadas do milênio retira a força ao Grupo dos 8 (G-8), pela ainda não adoção dos parâmetros institucionais que objetivam, com o que resta enfraquecida sua força de coação.

Não acredito. Por enquanto, tais fracassos têm apenas atrasado a solução jurídico-institucional, mas não têm impedido a prática retaliatória, quando as nações entendem que devem praticá-la.

Creio mesmo que, antes do fim da primeira década do terceiro milênio, tais parâmetros serão obtidos, assim como um regime jurídico internacional, com um mínimo de concessão dos países desenvolvidos e um máximo de pressão, em que o esgotamento e a falta de fôlego das nações emergentes em resistir às pressões terão considerável impacto. Nessa matéria, quem tem mais força, capital e tecnologia suporta mais tempo os impasses surgidos nas discussões.

Fato que, todavia, pode desequilibrar a força das nações mais desenvolvidas é o perfil étnico de seus nacionais, que vai alterando o retrato de sua população, com os emigrantes provenientes dos países emergentes, gerando prole maior de variadas raças, com outro tipo de cultura e, muitas vezes, objetivos.

Por outro lado, os mercados das nações desenvolvidas tendem a decrescer em quantidade de habitantes, embora incorporando um número cada vez maior de consumidores em nível de consumo médio, enquanto o tamanho da população dos países emergentes continua crescendo, com um potencial de mercado cada dia maior.

Ora, os mercados somente crescem se a capacidade aquisitiva do povo crescer, razão pela qual seria autofágico admitir que pretendem, as nações desenvolvidas, apenas destruir mercados concorrentes, a médio e longo prazos, e não preservá-los.

O certo é que a força imperial dos países desenvolvidos poderá ser muito menor no futuro se os mercados desenvolvidos forem sendo reduzidos e os das nações emergentes elevados, em nível de população. Tudo dependerá, entretanto, de que a crise social das diferenças não desemboque em um confronto, cujos resultados — certamente imprevisíveis — poderão descompassar o instável equilíbrio atual.

2.6 A fraqueza de oposição das nações mais pobres

As nações emergentes mais pobres usufruem apenas de uma soberania formal. Não são verdadeiramente soberanas. Dependem, em sua grande maioria, das demais nações emergentes e, principalmente, das nações desenvolvidas.

É raro que uma nação emergente, pobre, tenha moeda. Seu papel circulante, sem densidade própria, é sujeito aos humores do mercado mundial, dos investidores locais e estrangeiros, visto que a moeda que tem valor é aquela que não lhes pertine.

Um país que não é soberano do ponto de vista econômico é um país conduzido pelos grandes. O Paquistão compensou o apoio aos Estados Unidos, na caça a Bin Laden, com a ajuda econômica recebida em troca. A negociação, pelo menos, trouxe algum benefício econômico para o Paquistão, que, todavia, não teve alternativa senão apoiar o presidente Bush.

Em outras palavras, as nações emergentes não são soberanas, dependem das mais poderosas, são por elas conduzidas e há de se perguntar se se justifica sua independência.

Não deixa de ser curioso que, no momento em que os espaços comunitários se adensam, em que as nações conformam blocos, em que a União Européia parte decididamente para um formato federativo, com uma futura Constituição européia em vias de ser aprovada e em que todos os cidadãos dos países-membros são cidadãos prioritariamente europeus, possa-se acreditar num permanente desmembrar de regiões, com multiplicação de países sem densidade econômica.

É bizarro verificar que o mundo, após a Segunda Guerra Mundial, tinha em torno de uma centena de países. Hoje chegamos a aproximadamente 200. Multiplicou-se o número de nações — como ocorrera nos continentes conquistados, à época das grandes descobertas — sem que as condições de crescimento dessas novas nações ficassem asseguradas.

É de se lembrar que, nessas nações, o custo político dos governos inviabiliza seu crescimento.

Mesmo naqueles países com riquezas naturais — as quais, em tese, permitiriam um rápido desenvolvimento —, o crescimento fica limitado, na medida em que suas elites governantes têm menor preparo do que o desejado, e o nível de corrupção, segundo os organismos internacionais, é muito maior do que nos países desenvolvidos, sobre ainda muitas dessas nações manterem juros elevadíssimos, que dificultam o equilíbrio, o progresso e a estabilidade.

Nem sempre é fácil pensar-se em estabilização e progresso quando muitas nações, principalmente na África, surgem de tribos que viveram e vivem guerras há milênios e que mantêm o mesmo espírito beligerante que seus ancestrais mantinham.

As guerras intestinas, não poucas vezes, são apenas reproduções de guerras tribais de centenas de anos passados.

Tenho sérias dúvidas se, no caminho para a integração comunitária desses países, tais nações serão viáveis no futuro.

As próprias embaixadas e os consulados são, em grande parte, de impossível criação, e os interesses desses países são representados por delegações diplomáticas de nações mais desenvolvidas ou economicamente mais fortes.

Ora, quando as estruturas administrativas são despreparadas, excessivas e corruptas — os dados de corrupção são detectados por organismos internacionais —, tais nações, por serem absorvidas pelas mais ricas, não têm densidade própria para superar seus problemas internos, com inequívoco sacrifício do povo e, principalmente, da parte mais pobre da população.

Em verdade, o poder, nessas nações, quase sempre é exercido por quem está mais interessado em mandar do que em criar condições de crescimento, e a sua pequenez e densidade tornam, não poucas vezes, aqueles que o detêm meros "empregados" de luxo a serviço dos interesses específicos de nações estrangeiras ou de empresas multinacionais poderosas. Tal poder de pressão é superior ao dos próprios governos quando valores importantes estão em jogo, sobretudo as riquezas internas dessas nações.

O certo é que a fraqueza do poder de oposição, no concerto mundial, dessas nações, é uma realidade, com o risco de o abuso sobre elas exercido pelas nações desenvolvidas tender a crescer, em progressão não mais aritmética, mas geométrica.

Capítulo 3

MOEDA E CRÉDITO NO MUNDO

3.1 O MERCADO FINANCEIRO — REALIDADE

O rei Creso da Lídia, entre 560-546 a.C., baixou proclamação que obrigava os trocadores de moeda (comerciantes de moeda ou burgueses da época) a emprestar seus recursos com juros mais baixos ao Estado e a determinadas atividades.

Na Idade Média, inúmeras instituições privadas surgiram e desapareceram na busca de criação de um sistema financeiro quase sempre depois de um período de sucesso, tornando-se inviáveis, principalmente em face do financiamento aos reinos da época, incapazes de honrar suas dívidas.

Vasquez de Prada, em seu *História da Economia Mundial*, relata a longa relação de instituições italianas e holandesas que não resistiram ao calote oficial, nada obstante um período de esplendor, quando os empréstimos eram destinados fundamentalmente ao Poder Público, aos reis e reinos da época, para financiamento de guerras que espoucavam — além das Cruzadas — entre os detentores do poder na Idade Média.

Hoje, a diferença daquele período não é muito grande. As instituições financeiras, mormente nos países em desenvolvimento, valem o que vale a capacidade do Estado de honrar sua dívida monetária, visto que a maior parte dos ativos de todas as instituições financeiras e de seus correntistas está em títulos do governo.

A diferença das instituições financeiras da Idade Média, do tempo das descobertas, do período holandês de financiamento global, é que não havia o instrumento do Banco Central para orientar a política monetária, cambial e de crédito dentro dos países, nem órgãos responsáveis, capazes de intervenção em períodos de crises detectadas de moeda, nos conflitos entre nações que disputavam espaço político e econômico na Europa.

O certo é que, hoje, a superioridade dos instrumentos de política monetária permite que se possa vislumbrar maior controle e mais disciplina para a moeda e o crédito dentro de cada país e em suas relações internacionais.

O FMI, que é um banco, exerce papel relevante na formulação de políticas nacionais, objetivando não permitir que nas nações haja descontrole de seu instrumento maior de troca e que a inflação não desfigure o real nível da economia.

Sua função única deveria ser formular políticas monetárias, cabendo ao Banco Mundial a formulação de políticas macro e microeconômicas.

Infelizmente, houve sensível descompasso entre o papel de cada instituição, com o FMI cumprindo, sofrivelmente, sua missão fundamental, que é a busca da estabilização monetária a qualquer custo, mesmo que sacrificando o desenvolvimento dos países.

Partindo do princípio de que, para as relações econômicas internacionais, é fundamental a estabilidade da moeda e um controle inflacionário, todos os remédios para combater a inflação e obter estabilidade monetária, nos países emergentes — às voltas permanentemente com falta de recursos, administrações esclerosadas, elite ineficiente, sem finalidades claras, mesmo quando bem-sucedidas —, tal objetivo termina por implicar forte recessão e nível de desenvolvimento inferior ao dos países desenvolvidos.

Em outras palavras, a "lição de casa", que há muito tempo os países desenvolvidos já realizaram, implica, em nível de globalização, um custo adicional aos países emergentes, que, por ironia, quanto mais obtêm estabilidade monetária, menor competitividade possuem. Por outro lado, a abertura de mercados, o sucateamento das empresas nacionais e os preços deprimidos, com alta carga tributária para remunerar ativos financeiros e congelamentos corretivos, são a decorrência. Juros elevados e tributos pesados acabam sempre por descompassar a economia interna e escancarar as portas para as mais competitivas empresas externas.

Ora, caberia ao Banco Mundial contrapor, a esse tipo de política, uma política voltada para o desenvolvimento, sem a escassez de recursos; caberia também uma visão abrangente dos direitos das duas organizações, tornando o Banco um investidor maior de projetos sociais, centrado em macrovisão social e econômica e não na microvisão da atualidade.

Explica-se o gigantismo do Fundo e o raquitismo do Banco Mundial, visto que a estabilidade da moeda em qualquer país é fundamental para a economia global e interessa a todos. O desenvolvimento apenas nacional interessa aos nacionais deste país, não tendo, na maior parte das vezes, o amparo tecnológico e de capital dos investidores e das nações estrangeiras.

Essa é a razão pela qual tal quadro não pode continuar e não continuará por muito tempo, em que o Fundo, que é um banco, é mais eficiente que o Banco, que, por sua vez, é um fundo, uma vez que o nível de tensão entre emergentes e desenvolvidos começa a chegar a um nível que pode implicar ruptura e conflitos.

3.2 A INCONFIABILIDADE DA CONFIABILIDADE

Um dos aspectos que mais releva acentuar, na atualidade dos mercados financeiros e de capitais, reside na sua volatilidade e na profunda sensibilidade aos humores de governantes e de investidores.

De rigor, o sistema financeiro trabalha com o "mito da confiança". Todos sabem que uma vez estabelecido o pânico mundial nos mercados, por conta de fatos imprevisíveis e inevitáveis, o sistema poderá gerar prejuízos consideráveis às nações e aos investidores e até falir, em determinados países sem estrutura.

A moeda não existe. O que existe é a confiança de sua existência e de que haverá moeda suficiente e não desvalorizada, em nível de liquidez, sempre que os investidores quiserem retirá-la.

A denominada M-1 (depósitos à vista e dinheiro em circulação) representa, em países de alta inflação, em torno de 1% a 2% dos meios de pagamento em circulação, enquanto nos países desenvolvidos pode chegar a 20%, pois lá o hábito de se conservar moeda circulante decorre da sua qualidade, servindo como reserva monetária não só no país, mas em mãos de pessoas e instituições de outras nações.

O euro e o dólar hoje representam reserva para as economias de habitantes de países em crise financeira aguda, muitas vezes em quantidade desconhecida das autoridades, pois, nos países emergentes, com estruturas esclerosadas e envolvidas em empréstimos e déficits públicos permanentes, a tendência é a cristalização de um volume de tributos que gera carga tributária confiscatória. Para evitar a tributação e os confiscos de ativos financeiros nas instituições, muitas pessoas guardam a própria moeda como reserva para enfrentar e evitar calotes públicos.

Por essa razão, é difícil quantificar o que há de reserva líquida em moeda fora dos países emissores, como reservas de populações que desconfiam de seus governos e das aplicações financeiras no próprio país.

Ocorre que a confiabilidade do sistema financeiro é conseqüência da certeza de que os países honrarão seus ativos, em que uma seqüência de acontecimentos inesperados pode fragilizar o sistema ou provocar transferências de ativos para outras nações.

Tal certeza, todavia, é relativa. A rígida política do Banco Central norte-americano, anunciada na crise de 1929, auxiliou a derrocada do mercado de capitais e implicou a quebra de centenas de instituições financeiras norte-americanas e outras no mundo inteiro. Houve corrida aos bancos e impossibilidade de essas instituições honrarem os ativos de terceiros, por aplicações de risco de um mercado que se revelou esfacelado no início da crise daquele ano.

Ora, o sistema financeiro depende da política monetária global e nacional do FMI e dos bancos centrais que, não poucas vezes, nos países emergentes, se apropriam dos ativos particulares por técnicas de manipulação de índices (tablitas, expurgos, correções ineficientes, tabelamentos) ou por simples apropriação de ativos, mediante empréstimos compulsórios.

Tal prática, própria das nações emergentes, ocorreu também nas nações desenvolvidas, após grandes conflitos, como, por exemplo, na Alemanha de 1923 e 1948, por força de suas hiperinflações, ou em algumas nações que viveram o fenômeno inflacionário.

Ocorre que, nada obstante os sofisticados controles e o aprimoramento das técnicas de administração monetária, em que os depósitos compulsórios, *overnight* e definição de taxa de juros são essenciais, não se exclui uma crise generalizada, decorrente de uma eventual crise política, econômica ou de conflitos armados, em nível global, que podem abalar os mercados.

A verdade é que o sistema financeiro trabalha com uma moeda escritural que se multiplica no papel (ou computadores) muito acima da força das riquezas mundiais e essa moeda só é aceita porque se acredita que as instituições que a manipulam são idôneas e os países que a administram, confiáveis. Quanto menos confiável o país, maior a taxa de risco e menor o número de investidores convencidos a aplicar em tais nações.

O drama do século XXI é que a globalização da economia e o crescimento dos acordos plurinacionais geram uma globalização monetária, com os governos não poucas vezes ficando à mercê dos investidores que trabalham com seus ativos escriturais de confiança, sabendo que os principais devedores de todos os mercados são os governos, que, entretanto, já esgotaram seus ativos.

Em outras palavras, a moeda não existe e a escritural decorre da profissão de fé de que os endividados governos honrarão sempre seus compromissos, apesar de não terem lastro suficiente.

3.3 A MULTIPLICAÇÃO DOS ATIVOS E A FALTA DE LASTRO

Um dos aspectos que mais preocupam o mercado financeiro e de capitais é a falta de lastro de ambos, na medida em que a multiplicação de seus ativos, sob controle e supervisão das instituições governamentais e internacionais, quanto ao volume, não assegura, em uma crise institucionalizada, sua liquidez.

Todo o sistema financeiro baseia-se na confiabilidade dessas instituições e na certeza de que os governos honrarão suas obrigações, muito embora tenham plena consciência, os investidores, de que o pânico generalizado que possa atingir os mercados, mesmo que infundado, venha implodir o sistema.

A função das instituições financeiras é criar condições para evitar esse pânico e controlar o fluxo desses recursos, procurando isolar as zonas de confiabilidade contaminadas para evitar efeito cascata ou dominó, em crises localizadas.

Galbraith dizia que, se todos conhecessem como funcionam as instituições atuantes nos dois segmentos (financeiro e de capitais) certamente não aplicariam seus recursos, uma vez que são recursos fundamentalmente lastreados em títulos de governos, que não têm mais lastro, mesmo nos países mais desenvolvidos. Podem eles gerar lastro mediante tributação elevada, mas não o têm no momento. E exatamente porque grande parte dos médios e pequenos investidores não sabem como opera o mercado é que todos terminam por oferecer algum ou muito dinheiro para tais inversões.

O certo, todavia, é que, à medida que os ativos são multiplicados (correspondem a aproximadamente três vezes o PIB do mundo), a incerteza e a insegurança crescem nos investidores, que, quando trabalham com grandes volumes de recursos, são mais ágeis nas decisões e podem, pelas transferências de uma para outra nação, descompassar a economia de certo país de menor expressão e no qual tenha havido injeção de recursos vindos de fora.

As instituições internacionais e financeiras nacionais de todos os países, assim como seus bancos centrais, não conseguiram até o presente encontrar um caminho para orientar o fluxo de capitais e evitar os "sustos" do mercado.

Ocorre que são menos eficientes nessa linha do que a capacidade que as agências de risco (*rating companies*) têm em descompassar economias, principalmente a dos países emergentes.

Sempre que uma agência de risco baixa a avaliação quanto à qualidade da saúde financeira de uma nação, os efeitos sobre ela são perversos, havendo imediata fuga de recursos dessas nações e incapacidade de freá-los e de estabilizar a economia deles dependente.

É que a filosofia do investidor pode ser dividida em duas grandes vertentes, ou seja, a dos que querem maior lucro econômico e mais riscos, e a dos que desejam manter aplicações sem risco, com a natural escolha dos países desenvolvidos.

O *crash* de 1929 mostrou um mundo despreparado para enfrentar uma crise sistêmica, que o Banco Central norte-americano terminou por agravar, ao manter, a todo custo, o equilíbrio da moeda, até mesmo ao preço monumental da quebra da economia norte-americana e de diversos países, incluindo o Brasil, que se desestabilizou, em face de a crise ter atingido o principal item de exportação brasileiro (o café), que foi, em governos posteriores, até incinerado, à falta de mercados.

As crises asiáticas (Coréia, Malásia e Indochina), russa, turca, brasileira e argentina foram testes para a capacidade de intervenção no mercado por parte do FMI e das instituições internacionais, evitando uma contaminação maior para o mundo, nada obstante o impacto natural dos primeiros dias, que sempre globalizam o pânico. E foram razoavelmente eficientes. Todo o problema reside em não se permitir que essa contaminação possa afetar mercados menos estáveis, com efeitos que poderão descompassar o controle dos governos.

O certo é que, em momentos de intranqüilidade, os investidores tendem a substituir o lucro pela segurança, abandonando à própria sorte as economias emergentes e, em momentos de tranqüilidade, aventuram-se no risco maior com mais lucros e maior segurança.

Friamente, todo o sistema financeiro lastreia-se apenas na confiança de que os governos honrarão suas dívidas. E as instituições internacionais têm essa missão de mostrar que o lastro é a confiança. Nessa palavra está fundada toda a garantia de 100 trilhões de dólares de ativos financeiros circulando pelo mundo.

3.4 UMA MOEDA UNIVERSAL

Se o mundo tivesse uma moeda única, com um Banco Central Universal, haveria, certamente, melhores condições nas relações econômicas internacionais, com reflexos indiscutivelmente positivos sobre as economias de todos os países.

O ideal, no momento, parece utópico, em face da diversidade e da multiplicação dos países, dos níveis diferentes de desenvolvimento, das burocracias diversas, das estruturas administrativas díspares e dos controles orçamentários de eficiência variável.

A moeda universal necessitaria de um Banco Central Universal com poder de intervenção, não só nos bancos centrais como nas finanças públicas de cada um dos países, o que representaria um poder superior ao dos próprios dirigentes políticos dessas nações.

Poder-se-á dizer que o sucesso do euro, adotado em 2001 por 11 países da União Européia, superou tais dificuldades.

Dois pontos relevantes, todavia, exigem exame maior.

O primeiro deles é que os 11 — e não os 15 países-membros — preencheram os requisitos mínimos para a adoção da moeda única, à época requisitos que passavam inclusive pela manutenção de um déficit público no conceito nominal, incluindo, portanto, juros e toda espécie de encargos, receitas e despesas, em 3% do PIB.

Como a União Européia é uma Federação de países, faltando apenas para tal conformação a promulgação de uma Constituição européia, que está em fase de redação final, os 25 países admitiram, em princípio, que a criação do Banco Central Europeu acarretaria inúmeras restrições à sua ampla soberania. Reconheceram que passaram a tê-la limitada, assemelhando-se mais tal reserva comunitária de ingerência ao conceito de autonomia próprio das Federações de Estados ou Províncias.

A aceitação, portanto, de limites de gestão e de obediência às regras comunitárias facilitou tal poder interventivo do Banco Central Europeu, cuja única função é controlar a moeda instituída.

O segundo elemento é que os países da União Européia, mesmo os menos desenvolvidos, chegaram a um patamar de crescimento que não tem similaridade no mundo, em nível de conjunto de países ou de economias conflitantes.

Em outras palavras, uma coisa é a moeda européia da comunidade e outra, uma moeda universal com 200 países, em estágios diversos de desenvolvimento e com administrações nem sempre preparadas para a gestão pública.

O exemplo europeu pode servir de base para um modelo mais abrangente, mas, antes, há inúmeras lições de casa que as nações menores e menos desenvolvidas precisam aprender.

Até mesmo politicamente, tais nações — quanto menos desenvolvidas, menos elitizadas e mais despreparadas para um bom governo — poderiam encontrar dificuldades, visto que parte dos dirigentes pode sugerir soluções irregulares, que não existem nesse tipo de política.

Se o "euro" for bem-sucedido e ultrapassar o período experimental — que visualizo de dez anos —, acredito que sua experiência será utilizada por outras nações e a introdução de moedas comunitárias facilitará a criação da moeda universal.

O grande problema é que as nações desenvolvidas já superaram a questão inflacionária, que continua rondando as nações emergentes, sendo uma moeda única incompatível com indexadores regionais, visto que as "correções monetárias" destroem todos os mecanismos referenciais, pois tais índices são realimentadores da inflação.

Acrescente-se que, politicamente, nações líderes não admitirão a possibilidade de intervenção externa em assuntos políticos internos, mesmo em economia ou finanças públicas.

Tal ideal, portanto, a curto prazo, é inviável.

O fortalecimento, todavia, do Mercosul e de outros espaços comunitários poderá permitir a introdução de uma moeda regional, daqui a alguns anos, como primeiro passo para a internacionalização das moedas regionais.

É muito difícil pensar-se em estabilidade de uma moeda em todo o mundo, com acordos globalizados em nível de zonas francas (apenas acordos aduaneiros) ou uniões aduaneiras (proteção do mercado aduaneiro interno com tarifas externas), uma vez que o grau de interferência do direito comunitário terá que ser consideravelmente maior e o nível de cessão de parcela da soberania acordada, mais acentuado.

Estou convencido, todavia, de que, se o euro ultrapassar a barreira da maioridade e os acordos forem evoluindo nas diversas regiões por patamar de crescimento do direito comunitário, será uma questão de tempo. Não uma questão imediata, a ser solucionada, mas de razoável tempo. Creio que, todavia, não passará a virada do século XXI para o XXII.

3.5 O FRACASSO DA REGULAÇÃO INTERNACIONAL

Conforme já vimos, o FMI, encarregado de manter estáveis as moedas de todos os países, não tem sido bem-sucedido, como demonstrou Candessus na reunião de Bangcoc em 2000. E ele foi presidente do Fundo durante 14 anos.

É que, sem desenvolvimento das nações emergentes, as fórmulas clássicas do FMI caem no vazio.

A pobre *performance* do Banco Mundial, que deveria completar a tarefa de melhorar as condições dos países em desenvolvimento, terminou por descompassar o esforço do Fundo, sem que os organismos internacionais possuíssem alternativa válida para combater, de um lado, a instabilidade monetária e permitir, de outro, a criação de economias competitivas.

O certo, todavia, é que o fracasso do FMI e a impossibilidade de os países desenvolvidos controlarem o fluxo mundial de capitais, mormente por meio de pressões fiscais, tornando todos eles, em parte, reféns do mercado levam ao questionamento sobre se seria ou não um organismo internacional capaz de controlar a estabilidade das moedas e o fluxo de recursos financeiros e de capital.

Um Prêmio Nobel de Economia (James Tobin) sugeriu que houvesse um tributo sobre esse fluxo, a ser destinado à recuperação de países e às questões sociais, mas, à falta de um controle possível e de uma adesão irrestrita de todas as nações, a idéia tornou-se utópica. Tinha eu sugerido, muitos anos atrás, solução semelhante para o Brasil — sem conhecer a sugestão de Tobin —, válida apenas para os fluxos de recursos internos.

O grande problema reside em que, se o tributo não for universalmente aceito, terminará por descompassar mais do que recompassar o mercado, pois as engenharias financeiras acabarão por fazer prevalecer os fluxos pelos países não aderentes, sobre encarecer seu custo, nos países aderentes, sempre que for imprescindível sua passagem pelas instituições destes últimos.

O certo é que o controle desses recursos multiplicados no papel ou nos computadores — recursos esses que só existem pela profissão de fé, por parte dos investidores, de que os governos e as instituições honrarão o acordado — só será possível se houver uma moeda universal e uma gestão rígida das finanças dos países de todo o mundo, à luz de um Banco Central Mundial. À evidência, os países que não aderissem não teriam qualquer espécie de controle, mas passariam a ter muito mais dificuldades de acesso a investimentos gerados por tais fluxos.

É bem verdade que, no que diz respeito ao sigilo de dados dos detentores dos recursos de mercado, ocorreu um significativo avanço no controle, sempre que houver a probabilidade de o dinheiro circulante ser decorrente de lavagem de dinheiro por meio de atividades ilícitas (narcotráfico, corrupção etc.). Os Estados são obrigados a revelar quem os detém, inclusive os próprios países considerados como paraísos fiscais. É interessante notar que a "sonegação" não é considerada motivo suficiente para a quebra de sigilo, já que, em muitos países, a política fiscal é confiscatória e injusta.

O controle universal, todavia, inexiste e, inexistindo, em face do fracasso dos órgãos comunitários e internacionais, tenho a impressão de que o caminho a trilhar é muito longo.

Pessoalmente, estou convencido de que não há possibilidade de controle sem uma moeda universal e um organismo internacional capaz de intervir, se necessário, na busca da preservação do fluxo da moeda e de sua sinalização.

Entendo que a busca da referida solução é a única possível para tornar o instrumento necessário para o comércio internacional (a moeda), elemento de estabilidade, uma vez que, sem ela, continuaremos com os mesmos problemas que se tem na atualidade.

Não será possível a convergência de soluções entre países em nível distinto de desenvolvimento, visto que, enquanto os países desenvolvidos já superaram o problema da estabilidade da moeda, dedicando-se apenas ao crescimento, os emergentes vivem o drama permanente de não poderem se desenvolver na velocidade necessária, pois a luta por alcançar o equilíbrio monetário muitas vezes é geradora do próprio não-desenvolvimento ou de estagnação, quando não de crescimento negativo.

O fracasso das intervenções dos organismos internacionais leva a ter que se estudar um modelo único, já com o nível de experiência ofertado pela União Européia, no que concerne à moeda.

3.6 Um desfecho previsível

Nada obstante a dificuldade do controle de mercados e dos ativos financeiros, considero que as tormentas por que ainda tenha que passar a busca de uma moeda universal não serão capazes de inviabilizar sua adoção um dia.

A lua ainda treme em razão de um recente choque de corpo sidéreo em seu solo, há apenas 800 anos — o que foi possível determinar, inclusive, o dia preciso em que ocorreu o impacto, porque monges, em uma noite de luar, viram forte clarão no satélite e anotaram o fenômeno no diário do convento.

Em termos de duração do Universo conhecido — que existe, após a grande explosão, há 15 ou 20 bilhões de anos —, 800 anos nada representam.

Nesses 800 anos, o mundo saiu dos reinos feudais, da economia medieval de feiras e sem sistema financeiro confiável, das primeiras casas com aparência de casas bancárias que faliram pressionadas pelas dívidas do Estado, das grandes descobertas, do mercantilismo espanhol, do absolutismo monárquico, da formação dos grandes impérios, do constitucionalismo moderno (francês e norte-americano), da Revolução Francesa, do domínio inglês, do nascimento norte-americano, de duas guerras mundiais, do início da conquista do espaço e da cibernética, e do avanço tecnológico para ingresso no ano de 2004.

Tanta coisa mudou no gênero humano, na sua maneira de ser, em seu domínio da natureza, e a lua ainda treme por **recentíssimo choque**, ocorrido há apenas 800 anos, que nada significou na história do Universo.

Ora, neste minúsculo ponto azul, em um pequeno sistema de estrelas (solar), dentro de uma das bilhões de galáxias existentes repletas de sistemas estelares dos mais de 100 trilhões de astros e dos 10 elevado a 24 potências de cometas possíveis, é de se esperar que, um dia — nas medidas temporais do espaço terrestre — haverá, para os povos da terra, um mínimo de inteligência convivencial, se não se autodestruírem antes, para que possam unir seus esforços no sentido de controlar o instrumento essencial para o fluxo do comércio internacional, que é a moeda.

Quando defendi a tese de que um dia haverá um Estado Universal, no livro *O Estado de Direito e o Direito do Estado*, considerava que, inevitavelmente, a tecnologia aproximaria os homens e as nações. Até por uma questão de sobrevivência da espécie, considerei que um governo mundial, com as autonomias nacionais dentro do estritamente necessário, seria a conseqüência natural dessa linha de raciocínio. De rigor, a espécie humana apenas agora ganha consciência de seus direitos de primeira, segunda, terceira e quarta gerações, entre os quais a preservação do meio ambiente é condição sem a qual não se poderá cuidar dos demais direitos, no futuro.

Não se desconhecem as dificuldades que a implantação dessa solução encontrará, mas acredito que os próprios problemas gerados pela necessidade de integração dos povos e da superação do estágio entre desenvolvidos e emergentes serão aqueles que provocarão a discussão maior para que, em um futuro a médio e longo prazos, em termos de tempo humano, se procure a solução definitiva da sobrevivência do homem.

Considero, pois, nada obstante tudo indicar no momento, a presença de uma crise que ultrapassa inclusive a possibilidade de um equilíbrio simétrico entre as nações, por força de uma globalização assimétrica, que a necessidade de equacionamento do nível crescente de problemas obrigará um esforço que será maior das grandes nações para reduzir tal separação.

E apesar de os mercados, hoje, ditarem as regras, e os governos correrem atrás dos detentores de sistemas financeiros, a roda da história já começou a girar, e o giro levará à necessidade sobrevivencial de um equilíbrio econômico sustentado, apenas possível no comércio exterior, em tempos de globalização, se, simultaneamente, partir-se nas relações globais para regras isonômicas, objetivando um tratamento desigual dos desiguais, e um instrumento único, ou seja, uma moeda única que poderia chamar-se Universo, para evitar confrontos e desequilíbrios, em busca de um Estado não apenas europeu, mas universal.

Capítulo 4

OS GOVERNOS SOCIALISTAS

4.1 Idéias e resultados

As idéias são incompatíveis com os resultados no ideário socialista. Nenhum governo socialista da atualidade é verdadeiramente socialista e os governos socialistas do passado foram um monumento ao "fracasso planejado".

Cuba remanesce como peça de museu econômico; a única parte da ilha que funciona (turismo) só se mantém por ter adotado idéias liberais. No resto, enquanto pôde viver dos subsídios russos à cana-de-açúcar, Cuba deu aparência de que sua monoeconomia era sólida, o que desmoronou com a derrocada do império soviético.

O evidente atraso cubano — só mascarado pela intensa propaganda da esquerda, que controla os segundos e terceiros escalões dos meios de comunicação — esconde também o tratamento diferenciado que se dá a dois notórios assassinos políticos, ou seja, Fidel Castro e Pinochet, que, sem julgamento prévio, condenaram milhares de cidadãos ao fuzilamento, tendo a *performance* do ditador cubano sido maior. Assassinou 17 mil pessoas contra os 3 mil de Pinochet, segundo os noticiários da imprensa.

É que fuzilar não-socialista sem julgamento é ato de bravura e fuzilar socialista é crime hediondo, segundo os dois pesos e duas medidas com que os dois ditadores e assassinos políticos são tratados pela mídia.

A única diferença, do ponto de vista econômico, é que o assassino do Chile gerou mais desenvolvimento econômico que o assassino caribenho, estando aquele país muito à frente de Cuba, como modelo econômico, na atualidade.

Felizmente, em relação ao Brasil, os amores do presidente Lula por Cuba ficaram apenas em formulações semânticas, sem conteúdo prático.

O radical socialismo, que levou a atraso econômico, é tolerável para uma ilha, que pode usufruir os recursos do turismo capitalista, mas, para o presidente Lula, não é bom para o Brasil, que adotou modelo econômico convencional; de resto, o mesmo que os líderes socialistas europeus adotaram para a Europa, ou seja, um socialismo não-socialista ou um capitalismo real envernizado por *slogans* socialistas.

O certo é que o ideal de que todos são iguais perante a lei e devem ter uma idêntica repartição da riqueza mundial, independentemente de sua capacidade em gerá-la ou de seu nível intelectual, é pura utopia, porque os homens nascem desiguais e essa desigualdade é própria da natureza.

O que cabe à lei produzir é instrumental que dê iguais oportunidades para todos e seja capaz de evitar que os mais poderosos se aproveitem dos mais fracos, além de assegurar um mínimo de vida digna para os seres humanos.

A utopia socialista deve ser substituída pela realidade social, cabendo à lei proteger o mais fraco, mas não desnaturar o mais forte, punindo a capacidade de crescimento segundo a natureza e a vocação de cada um. Repõe-se o velho diálogo entre Cálicles, que defendia a não-interferência do Estado para a proteção dos mais fracos, por ser contra a natureza, e Sócrates, que defendia uma sociedade mais humana capaz de tornar o mais fraco menos fraco e permitir ao forte um crescimento maior (*Górgias*, de Platão).

É de se lembrar que o mundo, hoje, está dividido em quase 200 países, em que o socialismo radical, "à la MST ou PSTU", apenas afasta interesses ou investimentos para outros países, desguarnecendo as nações que pretendem lutar contra a realidade e entregando-as à sua própria sobrevivência, ou seja, ofertando o mínimo de condições de integração na sociedade globalizada.

A não ser que se pretenda voltar às relações tribais de divisão de tudo entre todos, com economia de sobrevivência sendo o cerne do crescimento, desvinculado do comércio internacional, conformando "ilhas socialistas", que poderiam prescindir do contato com o mundo exterior, não há espaço para esse socialismo, que naufragou com o império soviético e que não atingiu a Europa Ocidental, pois as nações de governos socialistas só foram bem-sucedidas por adotarem política não-socialista.

De resto, a grande e emergente economia socialista da atualidade é a chinesa. Essa economia só o é porque as regras que determinam sua expansão são capitalistas, e o regime ditatorial oferta aos investidores do Ocidente a tranqüilidade que uma democracia lá instalada talvez não ofertasse em um país de 1 bilhão e 300 milhões de habitantes.

Em outras palavras, com um cinismo próprio daqueles que objetivam apenas o que é o cerne do modelo liberal, ou seja, o lucro e o desenvolvimento, uma ditadura que garanta os investimentos e assegure ao mercado as regras estáveis e não contestáveis é melhor que uma democracia capaz de gerar momentos de instabilidade, que são ruins para o desenvolvimento.

O modelo chinês é "bom" para o Ocidente, pois assegura o mercado para os investidores e garante a ordem, que lhes permite retorno. Como se vê, apenas os "ideais contaminados" dos socialistas dão resultados, uma vez que os "ideais puros e simples" são também aqueles que geraram seus mais redundantes fracassos.

4.2 União Soviética e Europa

O apoio material americano ao povo russo, na luta contra os alemães, durante a Segunda Guerra Mundial, terminou por tornar a União Soviética uma grande potência.

A vitória dos aliados, em uma luta que opôs regimes totalitários contra os democráticos do Ocidente, representou a vitória da liberdade contra a tirania, apenas no Ocidente.

A Rússia fortaleceu-se, no período da formação da União das Repúblicas Socialistas Soviéticas, ou seja, nos primeiros anos do pós-Guerra, conquistando pela força os países vizinhos, sem grande reação do Ocidente, visto que o grande esforço americano era pelo reerguimento da Europa.

Estou convencido de que a Europa só se reergueu graças ao decisivo apoio norte-americano, via Plano Marshall, verdade sempre desmentida pelos europeus, nada obstante nunca terem negado o recebimento daqueles recursos dos Estados Unidos, fundamentais para a recuperação do continente.

É que se, entre pessoas, a melhor forma de se perder amigos é fazer-lhes favores, o mesmo ocorre com os países, em que a ingratidão é a primeira regra essencial para se manter o orgulho nacional.

Ocorre que, enquanto a União Soviética conquistava novos países para sua órbita, colocando-os sob sua "proteção", atrás da denominada "Cortina de Ferro", os Estados Unidos auxiliavam e perdiam influência perante o Oeste Europeu, passando a manter relações de "ódio e amor" até uma redução sensível de sua presença econômica, após o fortalecimento da Alemanha e o crescimento do Mercado Comum, pelo Tratado de Roma.

Ora, dentro dos próprios países europeus do Ocidente, havia uma eficiente propaganda soviética, de tal maneira que, além de calarem os países conquistados, eliminando o direito de seus povos pensarem diferentemente dos conquistadores, exerciam, pelos partidos de esquerda, forte influência, principalmente na França e na Itália, onde as agremiações comunistas, nos primeiros anos do pós-Guerra, cresceram consideravelmente.

Simone de Beauvoir, em *Os Mandarins*, que busca descrever o período do fim da década de 1940 entre os intelectuais da esquerda, entre os quais Sartre pontificava, mostrava que o pensamento de tais intelectuais, desvinculados da realidade — o estudo da "realidade real" nunca foi o forte da intelectualidade esquerdista —, estava voltado a acreditar que o comunismo seria a redenção da humanidade. Baseando-se em postulados como "todos os homens são iguais, têm os mesmos direitos e devem ter a mesma situação", perceberam que todos os homens são diferentes, têm aspirações diversas, capacitações distintas e níveis de inteligência díspares, com o que a igualdade material que o direito pode ofertar limita-se a garantir a existência digna a todos e iguais oportunidades, sem desconhecer o que cada um tem de diferente.

Apesar da utopia desses intelectuais, as idéias socialistas ganharam espaço no Oeste Europeu e, durante anos, houve severa luta para que não crescessem antes do próprio ressurgimento da Europa.

Nas décadas de 1960 até 1973, a Europa evoluiu consideravelmente, e voltou a ter expressão mundial, com o conseqüente enfraquecimento das idéias comunistas, nada obstante o fortalecimento de um pensamento de centro-direita, que acabou por dominá-la, nas décadas de 1980 e 1990.

Tais idéias, exteriorizadas em partidos, levaram a Europa a ter governos socialistas. Nada, todavia, é tão eficiente para enfraquecer idéias socialistas quanto a tomada do poder por socialistas. Eles só são bem-sucedidos quando adotam o discurso socialista e praticam a economia liberal. Como ocorreu com a União Européia, nas décadas de 1980 e 1990, formando hoje, ao lado dos Estados Unidos e Japão, a fortaleza dos princípios neoliberais.

A União Soviética, todavia, até 1989, não se preparou para a evolução da economia e da tecnologia mundial, ou seja, daquela tecnologia voltada para o cidadão. Por essa razão, foi ficando para trás e perdendo espaço para as nações ocidentais. Nem mesmo as *joint-ventures*, por exemplo, com a Fiat, para produzir carros — os carros russos eram horríveis — permitiu recuperar o atraso. Enquanto os regimes socialistas do Ocidente triunfavam por não serem socialistas, os regimes socialistas orientais fracassavam porque eram socialistas, provocando um monumental atraso que resultou no símbolo representado pela derrubada do muro de Berlim.

É que, em verdade, sem recursos não há desenvolvimento, sem lideranças naturais não há empresas, sem estímulos não há projetos, e a economia não se compadece das amarras da burocracia. Quanto mais burocrática uma empresa, menos eficiente. Quanto menos burocrática, mais eficiente.

O fracasso socialista, nos planos econômico e tecnológico, foi retirar a criatividade de seus cidadãos, nivelando-os todos e punindo a livre iniciativa. Foi tornar cada empresa uma repartição pública, com os déficits próprios da Administração Pública, não podendo concorrer com seus competidores internacionais, muito mais ágeis e técnicos.

O fracasso do império socialista não ocorreu, portanto, com a queda do muro de Berlim, mas ela foi conseqüência do fracasso anterior, de pensar que o Estado poderia tornar as empresas mais eficientes se lhes desse roupagens próprias da Administração Pública. O sucesso do Ocidente foi, exclusivamente, tratar as empresas como empresas e o governo como governo, reduzindo a pressão política sobre as decisões econômicas. O fracasso socialista foi, portanto, tratar os agentes econômicos como membros de uma repartição.

4.3 O FRACASSO DA DISTRIBUIÇÃO DA PAZ SOCIAL DOS ESTADOS SOCIALISTAS

Em entrevista concedida há algum tempo para a imprensa, a filha de Che Guevara dizia que Cuba não precisava de dois partidos, porque todos estavam felizes com Fidel Castro e que a verdadeira democracia é aquela de partido único, candidato único, dirigente único, que apenas pensa no bem de seu país.

Seu discurso é muito semelhante ao de Mussolini, Hitler, Stálin, Pinochet, Salazar, Franco, Saddam Hussein e de todos os ditadores da História. Como o ditador "quer" o bem do povo e "tudo faz pelo povo", quem pensar diferentemente não deseja o bem do povo, mas sua destruição, razão pela qual deve ser banido do convívio público ou simplesmente eliminado.

Nos regimes socialistas de partido único — isto é, nos países que o adotaram —, todos têm o "direito" de pensar como os governantes, apenas estando proibidos de pensar diferentemente.

Nos países democratas que são socialistas, os detentores do poder, ao assumirem o governo para tornar o país viável, entretanto, continuam com discursos socialistas, mas praticam economia neoliberal. O "viés", todavia, de não admitir a "ousadia" de pensar diferentemente da "verdade socialista", leva a estigmatizar todos aqueles que ousam divergir. São perseguidos pelos meios de comunicação — os segundos e terceiros escalões hoje estão dominados pela esquerda —, havendo um verdadeiro patrulhamento ideológico, em todos os campos, principalmente nas áreas em que a liberdade deveria ser maior, como, por exemplo, nos campos cultural e científico.

É interessante notar que, nas ditaduras socialistas, há uma nivelação por baixo, com o povo recebendo o mínimo de subsistência para evitar o exercício de direito de pensar diferente. Tira-se, pois, a criatividade necessária para que um povo cresça. É interessante notar que, na derrocada do império soviético, grande parte da população dos diversos países que compunham a União Soviética ou as nações sob sua influência não se sentiu preparada para disputar, como no Ocidente, os espaços econômicos e científicos tendo gerado, inclusive, sérios problemas psicológicos para a população.

Privadas de seu direito de pensar, já que o Estado pensava por elas, principalmente as pessoas de mais de 40 anos, ficaram à deriva, sem a proteção do "Big Brother" e sem condições de competir nos mercados, uma vez que jamais foram preparadas para pensar ou para disputar mercados. Sentiram-se desesperadas e sem horizonte.

Em verdade, a paz social, praticada nas ditaduras socialistas — inclusive naquela da ilha do ditador cubano, que, em matéria de condenações à morte, sem julgamento limpo, ultrapassou a *performance* de seu êmulo chileno —, apenas existe pela eliminação do direito de pensar e de protestar, razão pela qual foi sempre uma paz de escravos e não uma paz social.

É de se reconhecer, entretanto, que os desníveis sociais eram, evidentemente, menores — a nivelação é sempre por baixo —, com uma pobreza não miserável, mas vigiada, na maior parte dos países socialistas cujos regimes entraram em derrocada com a queda do muro de Berlim.

Em última análise, o preço da pobreza não-miserável correspondia ao "direito" de ficar calado. Ninguém tinha o direito de ficar rico, mas apenas o de conservar uma pobreza não-miserável. E a lei do silêncio era o instrumento pelo qual obtinha-se a obediência, como no romance de H. G. Wells, *A Máquina do Tempo*.

4.4 Os teóricos da ilusão

Os ideólogos socialistas sempre trabalharam pouco. Desde os bancos escolares, são apenas revoltados contra o estamento vigente, mantendo uma visão utópica do mundo, no qual todos os males seriam corrigidos, desde que houvesse a mudança da natureza humana e fosse aplicada a idílica igualdade decorrente da partilha de bens entre todos, em solidariedade universal, que faria inveja a Adão e Eva antes do pecado original.

Sua função é pensar. Para pensar, precisam reunir-se e vivem de reuniões em reuniões, certos de que tais eventos representam o verdadeiro trabalho.

À medida que vão ganhando reconhecimento pela capacidade discursal e por algum carisma dirigente, consideram-se suficientemente habilitados para mudar a história do mundo, consistindo, seu trabalho, na busca de implementar a missão "quase divina".

Não dão valor ao trabalho dos empresários, profissionais liberais e outros cidadãos, que labutam mais do que "especulam filosoficamente", pois entendem que estes, geralmente, são exploradores do povo, quando bem-sucedidos, ou explorados pelos bem-sucedidos, quando não se saem bem.

O trabalho alheio, se executado dentro de um país neoliberal, é sempre malvisto. De rigor, o conceito de trabalho, para os intelectuais de esquerda, é nebuloso, em face de sua vocação limitar-se a pensar e se reunir. À semelhança dos filósofos atenienses, que consideravam o trabalho manual secundário e uma *capatis diminutio* o fato de alguém ter que trabalhar para viver, os "profissionais da esquerda" preferem dedicar seu tempo a criticar, fazer reuniões e procurar descobrir meios de absorver as riquezas daqueles que geram empregos, os quais, segundo eles, são exploradores do povo.

Por essa razão, quando conquistam o poder, sem nunca terem exercido com habitualidade o trabalho honesto, levam um grande nível de despreparo e, com o tempo, aprendem que apenas serão bem-sucedidos, desde que abandonem suas idéias originais.

Na Europa, os socialistas, quando deixaram de ser socialistas, governaram bem seus países, na década de 1990. Conservaram o discurso teórico, mas praticaram as "odiosas" formulações neoliberais.

No Brasil, sempre que os socialistas assumiram o poder, mudaram seu comportamento ou foram dele desalojados. Na última eleição, o presidente Lula — que, de rigor, também trabalhou muito pouco durante sua vida — foi eleito pela maioria da população brasileira por ter vendido a imagem de melhores dias, mas seu partido foi derrotado em quase todos os Estados, denotando que o povo não estava satisfeito com a administração daqueles governantes que insistiram em manter a postura socialista.

Logo, de início, com bastante habilidade política, o presidente Lula deu uma fantástica guinada em seu discurso de maio de 2002, passando a exercer a mais ortodoxa política neoliberal, alertado pelo fracasso eleitoral do PT nos governos estaduais.

Entretanto, mesmo colocando elementos competentes nos ministérios econômicos, fragilizou essa correta opção ao alargar o custo da Federação, distribuindo ministérios de consolação para amigos vencidos na lide eleitoral, ao ponto de a intelectualidade brasileira ter apelidado essas Pastas criadas para premiar a lealdade dos correligionários de "ministérios dos derrotados". E, não querendo desagradar os seus correligionários, incentivou a desobediência à lei, os incendiários da terra e o direito dos burocratas de não trabalharem, garantindo-lhes greves intermináveis, assim como substanciais aumentos para premiar o "ócio oficial".

Em um ponto, todavia, tais ideologias, cujo trabalho único é criticar e reunir-se, na busca de uma demonstração de descontentamento pela não-submissão à sua linha filosófica, obteve êxito considerável, ou seja, na influência sobre a mídia e sobre a maioria dos formadores de opinião.

A militância da esquerda é insuperável. Está presente em tudo, até porque, não tendo que trabalhar ou trabalhando pouco — principalmente aqueles militantes ligados ao serviço público — têm considerável tempo para se organizar em protestos e movimentos desestabilizadores da ordem e do direito, como é o MST (Movimento dos Trabalhadores Rurais Sem Terra), por exemplo.

Ocorre, todavia, que ninguém pode iludir a sociedade eternamente. E o Presidente da República percebeu que não poderia seguir o "canto das sereias" de seus áulicos, que levariam, fundamentalmente, o governo ao fracasso.

Um dos aspectos mais impressionantes da esquerda mais ativa é o de desejarem o rompimento com o FMI e com o sistema financeiro internacional, sem perceberem, por exemplo, que os bancos trabalham com dinheiro do povo e que se fosse decretada moratória pelo país, o governo deixaria de pagar, mas as poupanças populares seriam fulminadas, havendo um brutal colapso na economia. E o pior: o Brasil deixaria de receber investimentos externos, visto que se tornaria uma nação inconfiável.

O mesmo se diga do funcionalismo público, que pretende ver na Constituição direitos concedidos *pro domo sua*, na certeza de que a sociedade deve trabalhar para sustentar seus privilégios.

E a inveja contra os bem-sucedidos que pensam diferentemente é, de rigor, o mote predileto de sua atuação. Por não trabalharem, consideram que os que trabalham a serviço do neocapitalismo são os culpados de tudo.

Enfim, as teorias socialistas só continuam sendo o que são porque seus formuladores nunca trabalharam duro e não se conformam com o sucesso de quem trabalha, acusados de serem exploradores do povo.

4.5 O preconceito em relação aos que trabalham

Os socialistas — e nessa expressão, por uma questão de facilidade para o leitor, englobo todas as correntes e variantes da esquerda — são defensores da tese de que os empregados (vistos como os únicos trabalhadores) devem trabalhar menos e, se possível, em repartições públicas, como servidores públicos. Devem, também, ser inimigos dos empresários e da elite intelectual favoráveis à liberdade conduzida do mercado. Eles pessoalmente, os ideólogos, não gostam de trabalhar. Sua especialidade é pensar. É dedicar-se a planejar como desestruturar os "inimigos neoliberais" e como — com infiltrações em todos os estamentos da sociedade — eliminar a capacidade de resistência dos que lutam pelo desenvolvimento na livre iniciativa.

São mais competentes na destruição do que na construção, até porque as teses que defendem nunca dão certo, quando assumem o poder, pelo simples fato de que a natureza humana é incompatível com utopias.

Por essa razão, os resultados, quando assumem o poder, são sempre incomensuravelmente inferiores aos ideais, que se esboroam, de uma forma rápida e espetacular, em face da natureza complexa do homem no poder. O poder corrompe sempre. Até os mais idealistas, que se justificam alegando que é necessário conviver com esse mal para poderem realizar os seus ideais. E, à evidência, como na prostituição, quando se começa, haverá sempre uma segunda, uma terceira vez, e, a partir daí, só por um milagre será possível reverter o quadro.

E a mais limpa das consciências em breve se assemelha a qualquer outra e, o que é pior, ela se anestesia e passa a considerar normal o que todos fazem.

Quem não vive como pensa, acaba por pensar como vive.

Essa é a razão pela qual jamais houve um país socialista que conseguisse realizar seus ideais, e jamais houve um país socialista de sucesso — nem mesmo a atualíssima ilha do "Pinochet de Cuba" (Fidel Castro), que, segundo a imprensa da época, assassinou 17 mil presos sem julgamento, inclusive socialistas, pelo simples fato de pensarem politicamente diferente. De rigor, consegue, no máximo, manipular o povo, que está proibido de pensar diferentemente. O importante não é tornar a população mais rica, como preconizam os ideólogos do liberalismo, mas eliminar a riqueza, tornando a população mais pobre, nivelando todos por baixo. Todos têm direito à pobreza por igual.

Enquanto nos regimes capitalistas procura-se tornar os pobres, ricos, nos regimes socialistas — todos fracassados — pretende-se tornar os ricos, pobres. Nivela-se por baixo.

Essa é a razão pela qual as nações capitalistas conseguem sobreviver e as socialistas fracassam e por que os governos socialistas, quando assumem o poder, só são bem-sucedidos quando encampam, em sua maneira de governar, as "odiosas" teses neoliberais.

O aspecto, entretanto, que mais impressiona, nos líderes socialistas, é sua aversão por trabalhar igual aos demais. Eles foram "escolhidos" para liderar e, para isso, amam as "reuniões", "os planejamentos estratégicos", "as comparações", mas não enfrentam o trabalho comum.

Os líderes sindicais, por serem líderes, não precisam trabalhar. Com as verbas oficiais dos sindicatos, freqüentam os melhores restaurantes, os melhores hotéis, os mais caros ambientes, que um profissional médio não freqüentaria, pelo custo elevado. São os técnicos da ideologia e, por essa razão, estão plenamente justificados por seus "ideais" e pelas reuniões intermináveis que realizam.

Assemelham-se, sem a qualidade dos filósofos e dos pensadores gregos, a estes, que necessitavam do trabalho alheio para prover seu próprio sustento, mas davam-lhe a "devida" importância, ou seja, pouca.

Os trabalhadores, que estariam sendo por eles defendidos, devem trabalhar e pagar as contribuições, com as empresas, para os sindicatos geradores de "líderes de classe e da categoria" e depois, por ser o sindicato um mero trampolim, "líderes políticos da esquerda".

O verdadeiro líder socialista ama o *slogan* de defesa dos trabalhadores, apesar de não trabalhar e viver à custa das verbas sindicais. Odeiam, por outro lado, o capitalismo e aqueles que o defendem, que — ao contrário dos líderes esquerdistas — também trabalham, gerando empregos e permitindo, com seus tributos, que os governos existam, desejando apenas que estes não atrapalhem muito e, mais do que isso, que operem bem os recursos que são arrecadados, usando-os para o bem do povo.

A função maior desses ideólogos do socialismo é, portanto, defender o que não fazem e criticar o que não sabem fazer, vivendo, no melhor estilo capitalista, dos recursos que empresários e empregados lhes entregam compulsoriamente para que possam se manter como são, ou seja, inúteis.

4.6 A visão dos totalitaristas

Um dos erros fulcrais das teses socialistas reside no distributivismo. Acreditam que tirar dos ricos para dar aos pobres gera a justiça social e permite às sociedades crescerem.

O monumental fracasso das economias socialistas — inclusive daquela do "Pinochet de Cuba" — demonstra que há uma falta de diagnóstico essencial, que deita por terra tal teoria.

É que o Estado, ao tirar daqueles que sabem como promover o desenvolvimento — que são empreendedores e dirigem bem os seus negócios, gerando empregos, progresso e tributos, inclusive para sustentar os governos — não só os desestimula a produzir — tudo o que ganharam será redistribuído — como retira, de imediato, o nível de estabilidade econômica que existia na fase pré-distributivista.

Os colapsos dos sistemas socialistas, com a desorganização das economias provocada pela aprovação do distributivismo, demonstram à saciedade que, na prática, a teoria correta — como dizia o socialista Felipe González a cliente meu, mesmo conselho, de resto, dado pelo ex-primeiro-ministro ao presidente

Lula — é fazer o bolo crescer para que todos dele participem e não dividir o bolo antes que ele cresça.

É que a maior parte da população não entende de empresas, nem dos riscos que a economia de mercado contém. Distribuir resultados é ofertar recursos que, uma vez consumidos, não se renovam.

Por outro lado, o Governo é um mau produtor de riquezas. Burocratas e políticos, quando assumem o poder, estão mais interessados em sua carreira pessoal e na manutenção do poder do que em servir ao povo ou gerar riquezas e desenvolvimento. Por essa razão, são bem-sucedidos quando não atrapalham o que a sociedade sabe fazer melhor que o governo, ou seja, gerar desenvolvimento.

A tese de que os governos socialistas fracassam porque os homens, que os levaram ao fracasso, não eram bons, é uma falácia. É que não há homens bons no poder, mas menos ruins ou mais ruins, raros sendo os líderes que a História consagrou que tinham uma perpectiva real de servir à sociedade, como, por exemplo, o foi Luiz XI, na França (São Luiz).

Os governantes sempre pensam primeiro em si e depois nos outros, razão pela qual o povo é mais visto como massa de manobra dos políticos, na defesa de seus interesses pessoais, do que como o destinatário de serviços públicos. E, quando cuidam do povo, isso decorre de sua ambição maior do poder, que vê, nessa linha de conduta, forma de conseguir mais votos para que eles, governantes, sejam mantidos no poder.

Há governos inclusive — como a ilha do "Pinochet de Cuba" — que prescindem das eleições. Considerando-se bons, seus governantes eliminam a oposição por entendê-la desnecessária, razão pela qual os opositores devem ser calados ou destruídos.

Ora, se nem a sociedade governamental é vocacionada para gerar empreendimentos, nem os governantes têm outro interesse que não o de fazer carreira política, sendo, portanto, maus empresários, nada é tão ruim para as empresas quanto o distributivismo que as desestruturará, impedindo a geração da riqueza necessária.

As revoluções Francesa e Soviética foram claras demonstrações do fracasso do distributivismo. E o próprio infeliz Salvador Allende — nada justifica a sua derrubada como ocorreu e, principalmente, o seu cruel assassinato — estava levando o país ao caos econômico, apenas salvo por força da dura ditadura do "Fidel Castro do Chile" (Pinochet).

É que, apesar de um ditador cruel, como seu companheiro de Cuba, Pinochet permitiu que o país se desenvolvesse mais do que a atrasadíssima ilha de Castro, cujos carros mais modernos são verdadeiras "carroças", não circulando nem nas ruas do Brasil.

O certo é que só há uma forma de se permitir o progresso de uma nação, ou seja, que os vocacionados para os empreendimentos a eles se dediquem e que a justiça social seja decorrente do progresso econômico, como ocorre hoje nos países da União Européia ou mesmo nos Estados Unidos ou Japão.

Ninguém admitiria que as cirurgias cardíacas fossem executadas por quaisquer cidadãos, mas por especialistas, com longos estudos em seus currículos e cursos. Ninguém gostaria de ter na seleção brasileira jogadores que não jogassem futebol. A economia exige, também, ser dirigida por especialistas e protagonizada por empreendedores, que evidentemente devem também ser estimulados para gerar o desenvolvimento, desde que os governos não atrapalhem. É absurdo pretender que distribuam o que lhes pertence. O que o Estado deve fazer para o bem do povo é estimular, por suas vocacionadas empresas, que gerem empregos e desenvolvimento, não permitindo que políticos — que não são empresários — cuidem da economia, porque não sabem. Com mais desenvolvimento, multiplicam-se as oportunidades de eliminar a pobreza e, aí sim, alcançar-se-á a diminuição das desigualdades.

É de se lembrar que os regimes socialistas da União Européia só dão certo, porque, no poder, deixaram de ser socialistas. Felizmente para os empresários e para os povos de seus países.

Capítulo 5

AS INJUSTIÇAS CAPITALISTAS

5.1 O ENDEUSAMENTO DO CAPITAL

O fracasso dos sistemas econômicos marxistas e socialistas levou o mundo a entender que a era da globalização e da livre iniciativa havia iniciado de forma definitiva para dimensionar a década de 1990 e os séculos futuros.

Pela globalização, o capital foi exaltado e o mercado adquiriu certa "personificação", sendo-lhe aplicadas expressões curiosas, como "nervosismo", "estresse", falando-se, até, em "alisar o pêlo do mercado", como se fosse o caso de acariciá-lo, a fim de torná-lo bonzinho e calmo.

À evidência, a exaltação do capital levou a impressão de que todas as economias dependeriam exclusivamente dele. Os governos que não "alisassem o pêlo do mercado" estariam condenando seu país ao ostracismo internacional e ao retrocesso econômico, quando não ao seu desaparecimento como nação viável.

Os 100 trilhões de dólares de ativos financeiros que circulam pelo mundo dão a sensação de que o mercado é todo-poderoso, possui tentáculos potentes e discernimento para premiar os bons governos e punir os maus, sempre que detectadas idéias capazes de dar instabilidade ao seu domínio absoluto.

Mais do que isso, a única solução possível, para a salvação da economia do mundo, são o endeusamento do mercado e a subordinação total a seus humores, desideratos ou achaques.

Tal endeusamento é cultivado mesmo nas nações mais desenvolvidas, ao ponto de todos os integrantes do G-8 (na prática, o grupo é G-7, pois o oitavo país, a Rússia, não tem força econômica, mas força nuclear) terem permanente preocupação em como direcionar tais ativos, três vezes superiores ao PIB mundial anual (35 trilhões).

E, nessa valorização do capital e do mercado, os mecanismos de controle dessas duas realidades é, ainda, insuficiente, até para não ferir a regra da não-intervenção e da não-interferência dos poderes públicos.

De certa forma, todos os países emergentes, hoje, estão sujeitos àquilo que o Prof. Delfim Netto denomina de "morte súbita", visto que seu grande endividamento faz com que a confiabilidade internacional dependa fundamentalmente dos humores do capital. Sempre que algum fator traz perplexidade e risco aos investimentos, sua fuga dos países emergentes é imediata, e esses países, que não adquiriram o direito de ter moeda, ficam à deriva, sujeitos aos avais morais ou monitoramento dos organismos internacionais. Estes, não poucas vezes, exigem política de austeridade fiscal e monetária, que tais nações não têm condições de realizar e que acabam implementando à custa de uma deterioração profunda das condições sociais e de um contínuo processo recessivo na economia.

Em outras palavras, os mercados influem mas não ditam regras nas políticas econômicas dos países desenvolvidos, porém ditam suas regras aos países emergentes.

Estes, por seu lado, são incapazes, na maior parte das vezes, de enfrentar as estruturas esclerosadas de suas máquinas administrativas, o que torna mais perversa, ainda, a soma dos desníveis sociais, da pouca evolução da economia e da adoção de um projeto nacional de adaptação do Estado às necessidades do povo, visto que os que comandam tal processo são os maiores interessados em manter privilégios e estruturas, mesmo que esclerosadas, da forma como estão.

Qualquer que seja o grau de recessão econômica, nível de desemprego e desnível social de um país emergente, a busca de soluções para seus endividamentos ou geração de progresso nunca passa pela modernização das estruturas administrativas ou dos costumes políticos, em face de os burocratas e políticos pensarem em si mesmos muito mais que na sociedade, em regimes democráticos ou não. A democracia, nesses países, resume-se no direito de eleger os governantes, mas os governados situam-se, depois, na posição de meros espectadores; seus representantes fazem e desfazem o que bem entendem, a seu estilo e sem consulta popular e sem fidelidade aos interesses daqueles que lhes outorgaram mandato.

A democracia das nações emergentes é, pois, uma singela democracia do acesso (o direito da escolha), mas uma ineficiente democracia de representação popular. O povo tem, apenas, o "direito de obedecer" ao que decidem seus comandantes políticos, no mais das vezes, sem qualquer respeito pelos cidadãos.

Nessa realidade, os capitais necessários e aplicados são voláteis, e a morte súbita é, indiscutivelmente, uma forma de se protegerem, visto que as autoridades dos países emergentes iludem o povo com promessas de futuro e nunca governam com a realidade do presente. Terminam, pois, nem cuidando do presente, nem alicerçando as sementes do futuro. A frase o "futuro a Deus pertence" é a tônica, nesses países, embora eu tenha sérias dúvidas de que Deus concorde com os atos presentes dos que Lhe pretendem transferir a responsabilidade pelo futuro. É mais provável que diga: "Com este presente tão mal preparado, abro mão do futuro que me pertenceria!".

5.2 A IMPOSIÇÃO DOS MAIS FORTES

O conflito com o Iraque demonstrou que parcela considerável dos países que aderiu à intervenção unilateral dos Estados Unidos fê-lo por razões exclusivamente econômicas. Vale dizer, para garantir privilégios no comércio exterior com aquela nação, abandonaram a defesa de princípios fundamentais de direito internacional, a começar pelo princípio da soberania das nações.

Hoje, pode-se dizer que a força econômica dos países mais ricos domina o mundo. Até a luta entre eles para definir interesses de domínio pode-se revestir de um verniz de idealismo, mas é, apenas, uma luta pela conquista de áreas do mercado e de eliminação de concorrentes. O domínio econômico dos mais fortes — se necessário com o complemento militar — é ainda no século XXI o elemento mais relevante da história das nações, não sendo diferente do que sempre foi, desde o início da história narrada da aventura humana, ou seja, de 6 mil anos para cá.

Bem disse Norberto Bobbio que o século XX havia sido a era dos direitos, mas ainda não havia sido a era das garantias.

A lei do mais forte predomina, no comércio internacional, não havendo ética nem compromisso maior por parte do país ou grupo de países que decidem sobre os destinos do mundo. Adotam a política que lhes interessa, mesmo à custa de um empobrecimento relativo dos países emergentes.

Os organismos internacionais — com regras impostas pelas nações desenvolvidas e "engolidas" pelas nações emergentes, mesmo quando supostamente defendem ética e competição *fair* no comércio exterior — retiram do campo do tratamento submetido às regras de livre comércio setores importantes da economia, de interesse dos países desenvolvidos.

Assim é que a agricultura não é objeto de painel de controvérsias, na OMC, pois a União Européia não permitiu que fossem objeto de questionamento seus indecentes subsídios à agricultura, principalmente a França. Ora, os países emergentes têm na agricultura o seu grande filão, no comércio exterior. Em compensação, onde os países emergentes são fracos e os desenvolvidos fortes (indústria e serviços), a OMC examina e impõe sanções contra os países emergentes sempre que entende ter havido subsídios contrários às leis de livre comércio. Ultimamente, entretanto, como na controvérsia sobre os subsídios do algodão, puniu os Estados Unidos.

Por enquanto, as decisões da OMC têm mais um efeito moral do que, efetivamente, eficácia positiva, já que, não poucas vezes, o direito de retaliação — a nação prejudicada pode aplicar sanções até determinado valor, contra a nação punida, em seu comércio bilateral — não é executado, pois isso implicaria campanha negativa da nação punida contra produtos daquela titular do direito de retaliar.

O certo, todavia, é que, nos fóruns internacionais, termina prevalecendo sempre a vontade dos mais fortes, e as nações menos desenvolvidas têm voz ativa de pouca densidade.

Há uma tendência, inclusive, de controle, pelas nações mais desenvolvidas, dos setores essenciais das economias menos desenvolvidas, mediante a aquisição de ações e ativos de empresas, mormente em períodos de crises locais, em que o valor desses ativos ficam sucateados.

E, à evidência, com o controle acionário de seus principais empreendimentos em mãos de seus concorrentes de nações mais desenvolvidas, não poucas vezes, o prêmio de consolação para os países emergentes é gerar a competitividade entre as empresas, em seu próprio território.

Uma última observação, mas não a derradeira. Em muitos países, a busca de atração de capitais externos leva à concessão de incentivos fiscais, o que gera dupla descompetitividade, ou seja: 1) para os empreendimentos nacionais já estabelecidos que pagam tributos de que os recém-chegados são dispensados de pagar; e 2) para os contribuintes nacionais, que muitas vezes são os que verdadeiramente financiam tais investimentos estrangeiros.

A globalização da economia gerou, portanto, novos horizontes em relação ao mercado mundial, muito mais claros para as nações desenvolvidas e com turbulência permanente para as nações emergentes, envolvendo-as em graves questões sociais; monetárias, com o espectro permanente do fantasma inflacionário; cambiais, por falta de moeda estável; e tributárias, com os nacionais pagando mais do que os investimentos estrangeiros, para que estes permaneçam no país.

5.3 O FRACASSO DAS LEIS DO COMBATE AO ABUSO DO PODER ECONÔMICO

Aspecto curioso da legislação contra o abuso de poder econômico é sua relativa ineficiência inibidora, apesar de ter surgido a primeira disciplina jurídica sobre essa matéria, com o *Shermann Act*, no fim do século XIX.

Em economia de mercado, a luta contra o abuso do poder econômico é fundamental para tornar a competição ética e privilegiar o consumidor, a que o esforço econômico é dirigido.

Ocorre, todavia, que, embora todas as legislações dos países desenvolvidos tenham privilegiado o combate ao abuso do poder econômico — e há casos bem-sucedidos da aplicação dessa disciplina — em todos os países desenvolvidos e emergentes (inclusive no Brasil, onde o Cade, apesar de suas limitações, exerce papel fiscalizador com relativa eficiência, embora, algumas vezes, de forma desastrada, como ocorreu no episódio Nestlé-Garoto), há setores importantes da economia em que sua aplicação é impossível, seja por aceitação do monopólio, seja pela preservação de patentes, seja, ainda, porque a economia não pode ficar alijada, naquele país, da produção ou serviço daqueles que são seus exclusivos fornecedores, apesar das características de dominação que essa situação ostenta.

De rigor, a economia de mercado atua à luz de três pólos, ou seja: 1) a não-intervenção do Estado, para que o mercado flua, a não ser para corrigir distorções, sendo, pois, o planejamento econômico oficial meramente indicativo; 2) o combate ao abuso do poder econômico, no pólo da produção de bens e serviços; e 3) a proteção do direito do consumidor.

Nos países civilizados, com problemas inerentes à especificidade de setores de alta tecnologia, há relativa harmonia na atuação do governo nesses três pólos. O mesmo, todavia, não ocorre no cenário internacional, visto que, à falta de instituições internacionais independentes e com força para impor suas decisões e requisitos às operações internacionais, o abuso do poder econômico, protegido pelos países interessados em promover seus empreendimentos, é a nota dominante.

Poder-se-ia dizer que toda a legislação *antidumping* evoluiu consideravelmente nas transações externas, permitindo defesa relativa das economias emergentes quanto à proteção de seu parque empresarial.

A realidade, todavia, é outra, visto que, na busca de proteção dos próprios mercados e de conquista de mercados alheios emergentes, os países desenvolvidos possuem instrumental de proteção a seus nacionais, que termina, em muitos casos, inviabilizando as leis *antidumping* dos países emergentes.

Mais do que isso. Não poucas vezes, para o combate à inflação, que teima em voltar, como as clássicas endemias — e, aqui, por erro dos próprios países emergentes, na falta de política regulatória de despesas públicas, que geram permanente déficit —, os governantes dos países emergentes tentam equilibrar a oferta nacional de bens mediante a importação de produtos estrangeiros mais baratos, a fim de tirar fôlego do fenômeno inflacionário, mas que acabam por gerar *dumping* e — mais do que isso — o sucateamento do parque empresarial nacional.

Há, pois, autêntico abuso do poder econômico nas relações entre as nações, na medida em que as emergentes ficam subordinadas às técnicas protecionistas ou de livre comércio, conforme os requisitos que interessam às grandes nações. Não há muito espaço para que esses países se defendam, inclusive juridicamente, uma vez que apenas agora seus advogados começam a se preparar para atuação no retocado cipoal dos organismos internacionais de proteção ao livre comércio ou de regulação das operações internacionais na economia.

Por esse aspecto é que afirmo ser o combate ao abuso econômico no comércio internacional uma utopia, nada obstante as instituições e as leis que o regulam.

A lei do mais forte é a que impera, e a globalização gerou um capitalismo que continua selvagem na busca desesperada por mercados novos e pela expansão dos negócios.

É bem verdade que, nessa luta por novos mercados, haverá um momento em que a pobreza dos países emergentes limitará sua expansão, por falta de recursos para gerar esses mercados. Nesse momento, as políticas sociais passarão a ser prioritárias para que voltem a expandir-se.

Enquanto, todavia, houver produção mundial inferior à capacidade de absorção por parte da população mundial consumidora, certamente, as novas políticas serão mais teóricas que práticas, já que os mercados de países desenvolvidos e auto-suficientes sobrevivem.

O certo, todavia, é que ainda prevalecem no cenário internacional as características sinalizadas nos primórdios da história narrada, em que o abuso perpetrado pelo mais forte não é por ele considerado abuso, não havendo mecanismos eficientes para combatê-lo. A exploração dos mais fracos pelos mais fortes deve ser contida por instituições internacionais imparciais, pois não têm os países emergentes força ou densidade suficiente para fazerem prevalecer suas teses ou interesses.

No entanto, o problema começa a ser percebido pelos países emergentes e, como sua população é incomensuravelmente maior do que a dos países desenvolvidos, alguma espécie de choque poderá mudar, no futuro, as regras de dominação dos países desenvolvidos.

5.4 O DILEMA DOS INVESTIMENTOS EXTERNOS

Há, hoje, um consenso, no sentido de que o investimento estrangeiro de risco é melhor para todos os países. De longe, é preferível ao mero investimento financeiro ou em ações que entram e saem de um país sem aviso prévio. Dependendo dos humores do mercado ou de haver erro de diagnóstico na condução da política econômica, não há muito o que fazer quando os investidores internacionais decidem abandonar um país emergente à própria sorte. A esse risco potencial, Delfim Netto, repito, chama, ironicamente, de "morte súbita", retirando a expressão do jargão futebolístico.

Ocorre, contudo, que tais investimentos de risco nem sempre são realizados em condições normais de competitividade.

A Coréia do Sul, na crise de 1997, lutou para que os investimentos nacionais não fossem pulverizados, nem passassem para as mãos de estrangeiros. Entenderam seus governantes que tal passagem seria desastrosa por retirar a capacidade própria de enfrentar as grandes crises.

Os Estados Unidos, em 1980, quando sua indústria automobilística foi duramente atingida pela concorrência japonesa, impuseram a não-desnacionalização de seus empreendimentos, pressionados pela liquidez excessiva dos "petrodólares" e pela tecnologia japonesa, que começava a superar a dos americanos, ao ponto de 27% dos automóveis vendidos naquele país terem saído, naquele ano, do Japão.

O grande risco da excessiva desnacionalização reside em não se poder, nos momentos de crise, ter o controle das decisões, que passam para as mãos dos detentores de capital estrangeiro.

À evidência, é complicado alterar a destinação de um investimento, transferindo-o de um país para outro, se esse investimento for de risco. A quantificação do prejuízo pela mudança será o principal fator a inibir.

O mesmo não ocorre no que concerne ao capital denominado especulativo, visto que, quando aplicado a curto prazo, sua mudança de um país para outro é decisão de instantes. Quem o detém tem o privilégio de a decisão poder ser implementada de imediato e a quantificação de eventual prejuízo mais fácil.

Normalmente, nessas hipóteses, não há prejuízo para o investidor, e sim para a nação recepiendária, já que fica privada dos recursos retirados, podendo, em função do volume dessa retirada, ver implodir suas políticas monetária e cambial.

Foi, de rigor, o que ocorreu em janeiro de 1999, em que a incorreta política monetária de Gustavo Franco levou à perda de reservas de cinqüenta bilhões de dólares, em pouco mais de quatro meses, implicando sua saída da presidência do Banco Central um período de turbulência, o qual o país apenas ultrapassou — e não de forma definitiva até hoje — graças à política de Armínio Fraga, mais do que acadêmico, um excelente operador do mercado.

Contou-me Fernando Henrique Cardoso que a decisão de escolher Armínio Fraga foi exclusivamente dele.

Uma nação emergente, todavia, não pode viver sem investimentos externos, dependendo, em grande parte, dos investimentos de risco para crescer.

A luta para obtê-los, contudo, é que cria o fator de vantagem especulativa para os detentores de capital, sempre atentos às melhores oportunidades que surgem nos países, na busca do binômio "baixa taxa de risco e elevada recompensa em juros ou dividendos".

Tal "vantagem especulativa", porém, não é controlada nem pelos países recepiendários, nem pelos governos dos países desenvolvidos, uma vez que esses investimentos estão "soltos" no mercado e seus operadores buscam, exclusivamente, a oferta de melhor rendimento para os investidores, objetivando manter suas contas lucrativas. E tal realidade é tão mais aguda quanto de menor risco for o investimento.

O certo é que o grande dilema das nações emergentes é que necessitam de capital externo, mas ao acolhê-lo ficam na dependência dos humores daqueles que o detêm, dependendo cada vez mais da qualidade de suas políticas econômicas internas, que, muitas vezes, como mostrarei no capítulo seguinte, podem gerar um elemento desestabilizador conformado por políticas financeiras severas, com o crescimento do peso tributário sobre a sociedade.

5.5 O festival tributário

Uma das características do Estado Moderno é sua insensibilidade tributária. Todos os que buscam o poder — a maioria começa com a intenção de alterar a realidade atual e acaba seduzida pela atração do dinheiro fácil, via concussão e corrupção — fazem da sociedade autêntica produtora de tributos, buscando obter recursos, a qualquer custo, para atendimento de seus interesses pessoais — raramente públicos — de qualquer atividade ou sinal de riqueza.

O Estado é um mau gerador de empregos. É um péssimo distribuidor de riquezas. É um fantástico criador de obstáculos ao progresso das nações. E, na sua função primordial, que seria a de orientação dos agentes econômicos para a produção de riqueza e de empregos, os detentores do poder usam-no, o mais das vezes, para criar dificuldades e vender facilidades. Em relação ao poder público, o princípio de que se presume a inocência até prova em contrário deve ser examinado às avessas. Presume-se a culpa até prova em contrário.

Basta-se verificar as licitações. Qualquer trabalho, contratado para a prestação de serviços públicos o é por valor superior a idêntico trabalho ou serviço contratado pelo setor privado para atender a atividades semelhantes. É que, no preço da licitação está, necessariamente, o custo da "comissão" a ser distribuída entre os inidôneos servidores, que alegam sempre motivo superior, ou seja, que a verba não se destina a eles, mas para financiar campanhas eleitorais, que se fazem necessárias para a manutenção do poder. Dizem que isso é o "preço da democracia", uma vez que as eleições custam dinheiro, e a única forma de financiá-las é com a cobrança do "pedágio" dos vitoriosos nas licitações. Praticam a mentira — ao dizerem que o dinheiro jamais irá para eles, apesar de ostentarem, quase todos, padrão de vida incompatível com os modestos subsídios pagos pelo Poder Público —, mas com ares de inevitabilidade, ao dar como pretexto o financiamento do pleito eleitoral.

Os preços pagos pelo Poder Público são sempre superiores aos preços do setor privado; o vencedor da licitação recebe sempre menos do que receberia se contratasse outro particular; e o padrão de vida dos servidores públicos que atuam nesses certames é freqüentemente incompatível com os vencimentos por eles recebidos. Essas são as características próprias do "Estado aético", que brande a espada da democracia para obter o pagamento de "comissões ocultas" das empresas vencedoras nas licitações.

E, no Brasil, os financiadores de campanha são os maiores beneficiários dos "contratos de emergência", recebendo-os em troca de favores dos vitoriosos nas eleições, seja de partidos da direita, seja da esquerda.

Não sem razão Montesquieu dizia que o homem, no poder, não é confiável, razão pela qual o poder deve controlar o poder.

Ocorre que o próprio Poder que poderia controlar os demais, ou seja, o Judiciário, não é infenso aos argumentos de prevalência das necessidades do Erário sobre o direito. Em matéria tributária, por exemplo, o argumento mais forte é que a decisão contra o Estado põe em risco o pagamento dos subsídios dos próprios integrantes desse Poder, o que acaba levando os magistrados, muitas vezes, a decidir de forma "política" e não técnica, desamparando o direito e o interesse da sociedade e do povo que os mantêm.

A tributação, portanto, cresce sempre sobre uma sociedade que é a única capaz de gerar desenvolvimento e emprego, mas que não os gera em razão da excessiva carga tributária destinada quase que exclusivamente para sustentar máquinas administrativas esclerosadas e os privilégios de vencimentos e aposentadorias dos que detêm o Estado. Muitas vezes, a isso se acrescentam os juros elevados.

O "Estado" é, na verdade, uma "mera estrutura do poder" com escravos da gleba à moda dos existentes em tempos medievais, embora hoje com características mais sofisticadas, que são os "cidadãos".

Com os recursos da informática e de seus avanços, todos sabem que as máquinas administrativas deveriam ser menores, os computadores fazem o serviço próprio de centenas de funcionários, com maior precisão e sem greve ou reivindicações.

Os detentores do poder, todavia — que têm inquestionável talento para criar "direitos adquiridos", posteriormente, auto-outorgados —, continuam se multiplicando e sendo sustentados pela sociedade, como única forma de os "vencedores" dos pleitos democráticos premiarem seus "colaborados de campanha". Cargos em comissão ou de confiança são distribuídos fartamente, independentemente do preparo profissional, da capacidade e da competência dos contemplados, sendo a remuneração superior àquelas dos servidores concursados.

Em país com tal realidade — e, hoje, são quase todos os países, em maior ou menor grau, que vivem esse drama —, compreende-se o nível da carga tributária que sufoca a humanidade e dificulta o avanço das nações para a criação de uma sociedade mais justa e desenvolvida.

5.6 O CICLO ECONÔMICO ÀS AVESSAS

Em eleições municipais na Inglaterra, em 2003 — depois da estrondosa vitória das sofisticadas armas de destruição em massa suas e dos Estados Unidos sobre as espingardas e os revólveres de primeira geração das maltrapilhas forças do Iraque —, Tony Blair saiu-se, vergonhosamente, vencido, tendo sido a derrota para conservadores e liberais o prêmio que recebeu do povo pelo "sucesso militar" obtido.

Um líder conservador declarou que a derrota dos trabalhadores, em verdade, era a demonstração de que os conservadores "cuidam melhor da sociedade, prestam melhores serviços públicos e cobram menos impostos".

A observação, válida para a Inglaterra, não é inválida para a maior parte dos países. Sempre que os socialistas assumem o poder, preparam uma administração para seus comparsas. Valorizam muito mais o Estado enquanto estrutura de poder do que o povo, apesar de utilizarem discurso a favor do povo e contra os geradores de desenvolvimento e criadores de emprego que são os empresários.

O discurso socialista "pró-povo", da União Soviética, foi um desastre completo, pois a retórica popular correspondeu ao fortalecimento dos privilegiados do poder, únicos beneficiários do atraso das nações sob seu regime.

No Brasil, o desastre dos governos socialistas do PT (sempre que ganham uma eleição, perdem a seguinte, pela inoperância de seus seguidores, às voltas com ineficazes reuniões, discursos e busca de meios para retirar recursos de quem cria riqueza para a nação, a fim de reforçar estruturas administrativas inoperantes) é demonstrado pelos resultados das últimas eleições em que o partido perdeu nos Estados de importância que governava, ficando reduzido a três, de pequena densidade econômica e populacional.

Mesmo a prefeita de São Paulo, Marta Suplicy, que aumentou escorchantemente a tributação na capital, em face dos recursos arrancados da sociedade, conseguiu realizar serviços públicos sofríveis, resgatando a popularidade de figuras de políticos cujas ambições já se presumiam sepultadas por rejeição dos eleitores.

O presidente Lula, que, ao contrário de seu partido — que perdeu as eleições estaduais —, ganhou as eleições graças ao apoio de eleitores de outros partidos, de seu carisma e de um discurso nada sintonizado com o programa do PT, vem sendo criticado por seus correligionários por não adotar a mesma política que levou ao fracasso do partido nas administrações estaduais, preferindo descobrir os anseios da sociedade e não dos incendiários de sua agremiação.

Mesmo assim, por falta de quadros, pela necessidade de dar satisfações quanto aos primeiros escândalos que estouram na sua administração (casos Celso Daniel e Diniz) e pela própria conjuntura mundial, corre o risco de ter uma recaída no discurso e na ação semelhante àquela que lhe impôs três derrotas na disputa à presidência da República. É de se lembrar que, enquanto países como Rússia, China, Índia e México cresceram mais de 6% em 2003, o Brasil patinou em 0,1% de crescimento do PIB.

O certo é que o mundo moderno vive o novo e intenso drama de saber que, pela informática, as estruturas estatais poderiam ser menores; os servidores públicos poderiam ser reduzidos, as funções essenciais para manutenção da ordem e da segurança, melhor aparelhadas e remuneradas; assim como o Estado oferecer à sociedade melhores condições de competitividade, pondo a seu serviço mecanismos mais ágeis de combate ao abuso do poder econômico e garantindo o direito do consumidor, sobre oferecer melhores condições em atividades essenciais, como saúde e educação, objetivos maiores de todos os governos. Não deveria ser objetivo do Estado o fortalecimento de suas estruturas e de privilégios em benefício de seus detentores, mas — o que é elementar dizer — servir à sociedade.

E, à evidência, no plano internacional, conseguir as alianças possíveis com os países emergentes mais fortes, para contrabalançar as regras de convívio, as regras de dominação e privilégios que também auto-outorgam as nações desenvolvidas sobre os países emergentes, permanentemente desconsiderados, em qualquer fórum de debates dos grandes temas (G-8, por exemplo).

Um "ciclo econômico às avessas", em que os países fortes aumentam seus privilégios e poderes, e os fracos perdem competitividade e fortaleza, só poderá ser estancado se houver uma mudança de mentalidade, em que os dirigentes das nações emergentes fortaleçam mais as estruturas privadas que as públicas, pois daquelas é que sairão os recursos necessários para a ascensão de seus países na economia mundial, com geração de empregos e desenvolvimento assegurado. Por enquanto, vivemos um "ciclo de economia às avessas".

Capítulo 6

O ESTADO MASTODÔNTICO

6.1 O PODER DOS PODERES

O Estado Moderno é um Estado mastodôntico. Seja desenvolvido, seja emergente, o Estado Moderno é mais do que a sociedade. Pesa-lhe mais do que lhe presta serviços. Não representa o desejo de seu povo, mas de quem detém o poder. A democracia que o caracteriza é apenas a democracia de acesso e os guardiões, que deveriam atuar em nome do povo, ou seja, a imprensa e o Ministério Público, não o fazem. A primeira é mais facilmente controlada pelos que detêm o poder — que possuem, até mais informações — do que pela sociedade; o segundo, como faz parte do Estado, controla-o *pro domo sua*.

Acresce-se que parte substancial dos recursos que mantêm a imprensa é da propaganda oficial, do *merchandising* que beneficia o Governo nas histórias que conta sobre suas obras, à custa do dinheiro retirado dos contribuintes, pelas mais variadas formas de tributação.

A esse componente de real dependência — que dá, entretanto, à imprensa o poder de destruir ou de construir, mas que, freqüentemente, retira-lhe a isenção necessária para servir de pulmão da sociedade, ou por desconhecimento da matéria ou por preferências ideológicas —, acresce-se forte tendência de valorizar os governos socialistas e desvalorizar os governos de economia de mercado, até por força de uma realidade de que os jornalistas nada têm a perder, de um lado, e a livre concorrência nada tem que ver com a ideologia propriamente dita, de outro.

A preferência ideológica pela esquerda de muitos intelectuais é, de rigor, uma preferência psicológica, fartamente enraizada em uma inveja subconsciente, ou seja, de não se ter o mesmo sucesso que outros têm, em função da falta de criatividade — criatividade dos outros que têm permitido o progresso da sociedade. Deseja-se retirar recursos de quem soube ganhar, trabalhando, justificando tal "ideal" com o rótulo de "distributivismo". No que concerne aos jornalistas, todos sabem que ganham pouco e têm contato com políticos e com aqueles que ganham muito. Nada mais natural que, por entenderem a respeito do que se discute e estarem no mesmo nível de diálogo que aqueles que venceram na vida, não lhes agrade que haja tanta diferença. É mais fácil, portanto, ser de esquerda nos meios jornalísticos do que de direita. Não percebem que só têm contato com tais pessoas porque trabalham em jornais, que lhes permitem esse contato, mais do que por mérito próprio.

À evidência, os jornalistas pertencem a uma profissão digna e têm um papel relevante na sociedade. O problema reside nesa tendência, que, de resto, é mundial.

Daí resulta que a corrupção, o clientelismo, a ineficiência dos governos de esquerda têm menor repercussão que o mesmo triste fenômeno quando ocorre nos governos de direita. Simone de Beauvoir, em *Os Mandarins*, relata como na França do pós-Guerra tudo justificava o ataque à direita, mesmo quando não merecia, e tudo justificava esconder os defeitos da esquerda, mesmo quando valeria a pena divulgá-los por uma questão de equilíbrio e de justiça.

Raramente, vimos os governos de esquerda colocarem em prática os teoremas "redistributivistas". Quase sempre a única distribuição que praticam tem como beneficiários seus adeptos e correligionários, que se enquistam nos governos após a conquista do poder. Como disse Ruy Falcão, inteligente e perspicaz líder da esquerda no Brasil, "não há administração pura", e as administrações de esquerda são tão impuras quanto as administrações de direita. Quase sempre, todavia, são menos eficientes.

Por um lado, nas economias de mercado, nem sempre se tem uma visão clara dos objetivos. São, entretanto, sempre mais bem-sucedidas que os regimes de esquerda, e mais geradoras de emprego, e de desenvolvimento, lembrando que os países que obtiveram maior sucesso econômico não são socialistas. Por outro lado, os governos socialistas que assumiram economia de mercado nos moldes de governos capitalistas só conseguiram crescer quando deixaram de ser socialistas, praticando as mesmas técnicas e mecanismos dos governos liberais. Foi o que ocorreu com Portugal, Espanha, França e Alemanha, cujos governos não diferem do não-socialista da Itália. De rigor, os rótulos com que conquistam o Poder são diferentes, mas a prática é idêntica. Escondem que o fracasso de todas as nações socialistas, detrás da "cortina de ferro", decorreu de terem acreditado que o redistributivismo geraria emprego e que estaria na natureza humana partilhar tudo o que se tem.

O caminho para a partilha — que, a meu ver, seria justa, se fosse o homem diferente — só pode ser aberto, sob a ótica das teses socialistas, pelo princípio de que se tem que tirar recursos dos ricos — que são considerados párias — para entregá-los aos pobres, desde que sejam eles, socialistas, a administrarem tais riquezas destinadas à redistribuição. Tal redistributivismo, baseado "na inveja e no ódio" aos mais ricos, jamais gerará o espírito próprio das partilhas, alicerçado no altruísmo e no amor. Isso, sim, seria justo.

Por essa razão, as entidades assistenciais sem fins lucrativos, formadas por voluntários cuja única ideologia é servir, são muitíssimo mais úteis que os "profissionais da ideologia redistributivista" em causa própria.

Ocorre, todavia, que — à semelhança dos ideólogos da esquerda — os profissionais da conquista do poder, que pretendem tirar dos ricos para dar aos pobres exatamente aqueles recursos que são geradores de empregos, são ineficientes no trato do social e pouco altruístas, a não ser com seus fiéis correligionários. No entanto, os ricos, infelizmente, só trabalham para o social quando têm os faróis da mídia e da comunicação a afagar suas vaidades, desdobrando-se, açuladamente, para freqüentar as páginas das revistas e dos jornais, em que exibem, como pavões, os sinais exteriores de suas riquezas.

Nada melhor, para estimular a inveja da esquerda, do que o fútil exibicionismo da direita rica, as mulheres ostentando plásticas rejuvenescedoras, roupas caríssimas e freqüentando festas fenomenais, e os homens acolitando essa folclórica manifestação de futilidades e desperdícios.

E, de rigor, essa classe social composta de invejosos da esquerda e de exibicionistas da direita vai se tornando, com aqueles que exercem o Poder, ou seja, políticos e burocratas, um enorme peso morto que a sociedade deve suportar, além do Estado e do governo, que são apenas os próprios detentores do poder e jamais o próprio Poder.

6.2 Os políticos

Uma das características do Estado mastodôntico da atualidade é a classe política. Quase todos os políticos têm projetos pessoais e utilizam-se de seus eleitores para realizá-los. A demagogia é a essência da sua pregação. Já não se importam em ser transparentes ou altruístas, mas apenas em impressionar bem.

A imagem do político não é construída a partir de sua atuação como homem público, mas aquela que o assessor de imprensa, o homem da publicidade, denominado "marqueteiro" da mídia, constrói.

Nada é tão distante do político atual quanto a imagem dele que os homens de mídia por ele contratados edificam perante o público e que deve ser seguida à risca para que tenha viabilidade eleitoral.

Em outras palavras, o eleitor vota não no político como ele é, mas na imagem dele produzida por especialistas em ilusões. Criam um herói cinematográfico e vendem essa imagem como se fosse de um idealista dedicado à pátria e aos interesses da comunidade.

Uma vez eleito, seu compromisso com o eleitorado deixa de existir e só o retomará, novamente, nos últimos meses de seu mandato para, novamente contratando os "especialistas da ilusão" — muitas vezes "os especialistas da mentira" —, venderem sua imagem de dedicado cidadão e agente público exemplar.

Em qualquer país do mundo democrático, especialmente no Brasil, os melhores marqueteiros são os que vencem as eleições e são disputados a peso de ouro.

À evidência, o compromisso do marqueteiro é com sua profissão — "vender ilusões"; não tem nenhuma vinculação com os ideais dos candidatos que "produz".

Basta estudar a trajetória, por exemplo, de um dos mais bem-sucedidos marqueteiros do País, que elegeu, em um pleito, um típico candidato da direita e, depois, tendo recebido proposta profissional melhor da esquerda, elegeu um típico candidato da esquerda, sendo considerado profissional imbatível. É bem possível que, se for contratado para dirigir a campanha de qualquer animal do zoológico, certamente o elegerá sem dificuldades.

Por essa razão é que a democracia, no mundo, é uma singela democracia de acesso, tanto mais frágil quanto mais o regime vincular-se às soluções presidenciais e não parlamentares.

É que, no sistema parlamentar de governo, a alternância no poder é mais rápida e só nele permanece o político consistente. Margareth Thatcher governou a Inglaterra durante 11 anos e apenas perdeu por ter acreditado que o aumento de tributação seria irrelevante. O povo reagiu e ela foi derrotada.

Na democracia de acesso, todavia, o povo é iludido pelo político exclusivamente voltado a projetos pessoais; no exercício de mandato, é apenas o representante de si mesmo.

No Brasil, o estelionato eleitoral representado pela possibilidade de troca de partidos — quase todos os candidatos só foram eleitos pelo acréscimo dos votos de sua legenda — demonstra a absoluta falta de ética do regime e de cada eleito, que, apropriando-se dos votos dos não-eleitos do seu partido, leva-os para o outro, apenas em função de seu exclusivo interesse pessoal. A pátria e os eleitores que se danem. A ética que se dane. O que prevalece é exclusivamente sua ambição pessoal de crescer, de ter cargos, de ser alguém e exercer o poder *pro domo sua*.

O político — a maioria, visto que há sempre algumas exceções — é alguém que faz do carreirismo, do fisiologismo e da infidelidade partidária seu ideal de vida, razão pela qual, por pensar somente em si e pouco nos representantes e na pátria, não auxilia no desenvolvimento da nação, nem na solução dos grandes problemas.

Dir-se-á que esse é um mal necessário da democracia, pois, de tempos em tempos, deve correr novamente atrás de novos eleitores, mas, para tanto, conta sempre com os marqueteiros de ocasião.

Estou convencido de que é profissional o político egoísta — muitos dizem ser um pleonasmo enfático — como é, de forma mais dramática, o ditador sanguinário, no estilo de Fidel Castro, Saddam Hussein ou Pinochet. Há de se convir, entretanto, que a verdadeira democracia está longe do retrato que os políticos da atualidade no mundo inteiro apresentam — decididamente um péssimo retrato. E a democracia atual é apenas menos ruim que a ditadura.

6.3 Os burocratas

Outro aspecto a conformar o Estado mastodôntico é o papel dos burocratas. Os servidores públicos de carreira, os que entram no serviço público, muitas vezes, vivem sem maior interesse pela sociedade e pensam apenas em sua aposentadoria para gozar, com folga, o repouso futuro.

São, de rigor, como diria Alvin Toffler, em A *Terceira Onda*, os integradores do Poder. Os políticos só governam alicerçados em sua ação.

Quase sempre oferecem muita resistência a qualquer mudança. Acostumados com determinadas rotinas, a mudança causa-lhes calafrios e são os primeiros a tentar bloqueá-la. Sua concepção é casuística, em que o cargo dá dignidade à pessoa. A grande maioria é honesta, mas atribui à administração pública — que confundem com o poder — um papel mais relevante do que à própria sociedade.

Nesse aspecto reside o grande problema. O burocrata pensa que a sociedade está a seu serviço. E, à evidência, seu poder, no tempo, confunde-se com seu direito.

Como os políticos passam e os burocratas permanecem, são estes os verdadeiros formuladores das políticas governamentais, principalmente nos países parlamentaristas.

Integram o poder com que, normalmente, se identificam, e terminam confundindo seus próprios interesses com os da nação, em confusão que reduz a cidadania à expressão inferior.

Concursados ou escolhidos para serem "servidores públicos", como determina a expressão, no mais das vezes passam a exercer o poder burocrático como se coubesse à nação servi-los, e não o inverso. O povo é que acaba estando à disposição desses detentores do poder, por meio de tributos ou das exageradas exigências burocráticas, criadas para aumentar seus quadros e justificar sua ação, em muitos casos, desnecessárias e inibidoras das potencialidades da sociedade.

Os governantes, os políticos e os burocratas quase sempre agem de comum acordo. E cada alteração de poder pelos políticos não corresponde à idêntica alteração por parte dos burocratas, que deixam os quadros funcionais em menor número do que aqueles que nele entram pelas mãos de novas administrações. E os concursados, efetivados e estáveis, não há, sequer, como pensar em afastá-los.

Por melhor que seja o burocrata, o tempo leva-o a identificar-se mais com o poder do que com a sociedade, de tal maneira que quase sempre atende ao cidadão com o ar de superioridade, como se tivesse o poder de vida e de morte sobre os "governados".

H. L. A. Hart, em seu livro *The Concept of Law*, explica que, nos Estados democráticos, as leis são feitas para serem aplicadas a governantes e governados, mas, como são elaboradas pelos governantes, quase sempre são aplicadas contra os governados e a favor dos governantes.

De rigor, é o que ocorre com a burocracia.

E a burocracia não profissionalizada, isto é, formada pelos correligionários dos partidos vencedores, é ainda pior, na medida em que tais burocratas só se tornaram burocratas por interesse político e não por vocação funcional. E, nesse caso, a identificação com o poder é muito maior. São, em verdade, os verdadeiros senhores da máquina administrativa, nos países onde não há burocracia profissionalizada.

O melhor caminho para reduzir os efeitos nocivos da identificação do burocrata com o poder reside na denominada "burocracia profissionalizada", em que a carreira funcional e o mérito no seu exercício, assim como a antigüidade, é que promovem o agente público, levando-o, portanto, a maior cautela e a maior respeito à sociedade.

O certo, todavia, é que, no Brasil, não temos burocracia profissionalizada, a não ser nas carreiras militares e no Itamaraty. Os cargos de confiança, os mais altos da Administração Pública, são preenchidos por pessoas que quase nunca são funcionários de carreira, mas ligadas aos políticos.

Essa experiência não tem sido boa.

6.4 Os aproveitadores

Tanto a democracia como a ditadura são sistemas de governo em que viscejam os aproveitadores. Aqueles que, por meio da bajulação, de pequenos ou grandes golpes, de interesses e, algumas vezes, de ações condenáveis, aproximam-se dos poderosos.

Entre esses, distinguem-se, em primeiro lugar, os correligionários. Aqueles que fazem da militância política utilitária seu objetivo de vida. Não têm prestígio para concorrer às eleições, mas suam a camisa para conseguirem ser lembrados pelos vencedores. Não têm, ainda, competência para exercer cargos de confiança, como ministros ou secretários de Estado. Sua especialidade, como as hienas que acompanham os grandes predadores, é usufruir da carniça política, dos restos do butim, das benesses do poder, vendendo, a partir daí, influências, como se fossem os próprios governantes.

Nas ditaduras, a visibilidade de tais aproveitadores é maior, já que não há controle externo. Nas democracias, eles são mais engenhosos, mais astutos, mais perspicazes. Vivendo projetos próprios e não os da nação, não pensam em outra coisa senão em enriquecer, mantendo-se à tona, razão pela qual sua fidelidade política não é maior do que foi a fidelidade conjugal de Messalina. São a escória dos governos, em vestes alcandoradas. Seu prestígio é tanto maior quanto mais próximos estejam do poder e possam ganhar a confiança dos governantes, como Iago conseguiu a de Otelo.

Uma segunda classe dos aproveitadores é a dos marqueteiros. Os que fabricam os candidatos. Nada é menos verdadeiro que o candidato produzido para uma eleição pelos marqueteiros. Fabricam estereótipos com o único intuito de vender uma imagem de homem impoluto, pai e cônjuge exemplar, cidadão prestante, por mais imprestável que seja. São os "vendedores de mentiras", dos quais os políticos atuais não podem prescindir para ganhar as eleições. E sua má influência é necessária, uma vez que a democracia moderna é uma democracia apenas "de acesso ao poder" e não de exercício de mandato e permanente controle por aqueles que o outorgaram. Os marqueteiros têm duas funções: manter incólume seu candidato e destruir o candidato oposto. Balançam entre suas duas habilidades maiores, ou seja, a mentira e a distorção. Seu poder é letal e quanto mais eficientes sejam suas mentiras, mais letais. E são admirados por esse talento, que serve a democracia de acesso, que nada tem a ver com a real democracia do povo, aquela que permite ao povo exercer permanente controle de seus representantes.

Uma terceira categoria de aproveitadores é a daqueles que financiam as campanhas para depois usufruírem da partilha do butim. No Iraque, os 500 milhões de dólares oferecidos pelos financiadores da campanha Bush foram recuperados com contratos de 8 bilhões de dólares. Tais aproveitadores sabem que o financiamento de campanha é um investimento necessário para conseguir polpudos contratos públicos, posteriormente.

No Brasil, a permanente dispensa de licitação por razões de urgência quase sempre beneficia os financiadores de campanha, principalmente daqueles partidos, que, na oposição, apresentavam-se como paladinos da moralidade. Os paladinos da moralidade só o são quando militam na oposição. Na situação, são sempre patrocinadores da imoralidade.

Tal corja de aproveitadores faz contratos milionários e quase sempre os cofres públicos pagam a tais fornecedores do poder mais do que qualquer empresa privada, a todo momento espoucando, graças ao controle da mídia, escândalos em que parte do "dinheiro do povo" retorna, não para as burras públicas, mas para o bolso dos detentores do poder.

Um quarto tipo de aproveitadores é o dos que buscam o emprego oficial, não por mérito próprio, mas por serem amigos dos poderosos.

A Constituição do Brasil, por exemplo, impõe concurso público para acesso a cargos públicos, mas as exceções relativas aos cargos de confiança e às assessorias especiais são tantas que não há governante que não traga uma legião de aproveitadores para partilhar o poder.

Tais aproveitadores querem o emprego público e, para tanto, "competência e ética" são substituídas por "amizade e bajulação", títulos mais importantes para participar dos governos do que quaisquer outros. Por isso, um correto servidor de carreira, que não faça política, termina a vida pública como chefe de seção, enquanto o bajulador do poder poderá chegar aos postos mais altos da Administração e, dependendo de sua capacidade camaleônica, de mudar de preferências — de governo a governo para se manter no poder — poderá ser alçado a Ministro de Estado.

Outros "espécimes" de aproveitadores existem, tendo preferido, todavia, descrever, neste curto capítulo, apenas alguns deles.

6.5 Os corruptos

A política leva muita gente à corrupção. O poder público também. Burocratas e políticos correm sérios riscos de resvalar para a corrupção. Nela se inclui, também, a corrupção afetiva, o nepotismo, as concessões por vaidade humana, além do que é mais comum, a corrupção pura e simples por dinheiro.

Cristo teve 12 apóstolos. Um deles o traiu. Era exatamente o que cuidava da bolsa, manipulava o dinheiro. Pode ter sido uma coincidência, mas, em face do livre-arbítrio que Deus outorga a todos os seus filhos, foi ele mal usado. E vendeu Cristo por dinheiro, tendo se arrependido — não como Pedro — e, no desespero, cometeu um segundo ato tresloucado, o suicídio. Poderia ter ainda sido um grande santo, como Agostinho, mas escolheu o modo errado para penitenciar-se.

Lord Acton, ao dizer que o poder corrompe e o poder absoluto corrompe absolutamente, não fez senão afirmar o óbvio.

Um dos aspectos interessantes da corrupção reside na gradativa insensibidade que o corrupto vai adquirindo, como o drogado, nos seus desvios de conduta. E, mais do que isso, como se vai justificando. O político, quantas vezes não amortece sua consciência dizendo: "Se graças a mim tanta gente ganha, por que não ficar com um pouco do que os outros ganham?"

Hitler, no dia 27 de abril de 1945 — isto é, três dias antes de seu suicídio —, fez observação anotada por seus biógrafos, segundo relatos daqueles que ficaram no *bunker* com ele, que serve para mostrar a insensibilidade que o poder vai gerando. Disse: "Se de alguma coisa tenho que me arrepender é de ter sido tão generoso com as pessoas".

Saddam Hussein não permitia a corrupção em seu governo. Clientes meus que trabalharam no Iraque diziam-me que não havia o menor risco de corrupção. O corrupto era simplesmente eliminado. O grande problema é que ninguém discutia qualquer condição imposta pelo poder, pois o monopólio de tudo pertencia ao sanguinário ditador, o que vale dizer, não havia corrupção, mas o "preço" das contratações públicas era exclusivamente determinado pelo detentor do poder.

Todos os preços públicos são maiores do que os preços privados, no mundo inteiro, porque neles está incluído o preço da corrupção. Os corruptos recebem uma porcentagem paga por fora, quase sempre em contas bancárias nos paraísos fiscais, para permitirem a vitória nas licitações, o mais das vezes, dirigidas pelas administrações públicas.

Campos Salles foi um presidente brasileiro que entrou rico na política e saiu pobre. A grande maioria dos políticos — que só vivem de política e com subsídios e vencimentos parcos, se comparados aos padrões internacionais — entram pobres na política e dela saem ricos. A corrupção é difícil de se combater, pois a manipulação de seu patrimônio — o declarado — cabe aos mestres da contabilidade e das operações forjadas, quando não de lavagem de dinheiro.

Nunca se falou tanto em ética no mundo inteiro e nunca se viu tantos problemas espoucarem nesse campo, diariamente, desvendando corruptos, na burocracia e na política.

Muitos entendem que o surgimento de escândalos e a descoberta da corrupção demonstram uma evolução na humanidade, visto que, à época das monarquias absolutas, a divulgação desses acontecimentos seria impossível e, quando desvendados, objetivavam eliminar os indesejáveis para o Poder.

O fato é uma realidade que decorre, de certa forma, da democracia. Quem luta pelo poder deseja-o a qualquer custo, tentando obtê-lo pela desmoralização do adversário, colocando uma lupa sobre suas ações, para detectar qualquer gestão indigna e desmascará-la, com o que, nesse tipo de democracia, transformada na arte de se conquistar o poder pela desqualificação do inimigo, consegue-se reduzir — nunca eliminar — o nível da corrupção.

É bem verdade que há uma conotação ideológica. Quando os órgãos responsáveis pelo combate à corrupção têm preferências ideológicas, passam a ser seletivos. Lutam para descobrir a podridão dos que tenham ideologia diferente e escondem a podridão dos que pensam como eles, tornando-se — mesmo não recebendo dinheiro do poder — corruptos de outra espécie, ou seja, "corruptos ideológicos".

São os "corruptos ideológicos" os mais perigosos. Simone de Beauvoir, em *Os Mandarins*, mostra como a esquerda francesa procurava esconder as atrocidades de Stálin, embora fosse "idealista", em matéria de dinheiro.

Política e corrupção, poder e corrupção, burocracia e corrupção são características permanentes dos homens que dominam os povos, considerando-se mais dotados que a plebe para subir na vida, à custa dela.

6.6 O POVO

O povo tem pouca atuação consciente nos destinos dos governos. Seja nas ditaduras, seja nas democracias.

Nas democracias, à evidência, há um verniz de atuação, reduzida à participação na escolha dos governantes, que, todavia, é fantasticamente manipulada pelos marqueteiros da ocasião. Em outras palavras, qualquer candidato a cargo eletivo, mesmo que sem expressão, tem seu retrato forjado pelo marketing político e não pelo que realmente é.

A manipulação para a conquista do poder é a característica maior da democracia de acesso, sendo, o verdadeiro eleitor dos candidatos, seu homem de comunicação social. A obra do candidato, seu desempenho, sua personalidade são quase sempre reconfigurados para melhor, pelo marketing político.

O povo não manda, nada decide, tudo suporta. Grande parte sequer tem condições de avaliar o que é verdade e o que é mentira nas campanhas eleitorais.

Nos países emergentes, a incapacidade popular é ainda maior, e a manipulação, mais fácil.

Conforme o grau cultural ou as tradições dos povos, como ocorre, por exemplo, com a gente muçulmana, as manipulações podem gerar fanatismo e dependência a líderes carismáticos.

Nesses países, os que controlam a opinião pública são os que auxiliam os governantes a governar, independentemente do povo e quase sempre, como mostrei nos capítulos anteriores, *pro domo sua*.

Isso não significa que o povo não seja manipulado nos países desenvolvidos.

As fortunas que se gastam nas campanhas eleitorais são ainda maiores do que nos emergentes e a elite dos grandes grupos empresariais, sindicais e de interesses corporativos da Administração termina por conduzir as eleições não necessariamente para o melhor, mas quase sempre para o candidato que contratou o melhor publicitário. Quem decide a eleição, pois, não é o povo, mas o homem de propaganda.

À evidência, na medida em que o povo se educa, as manipulações não podem mais ser "lineares" e "simplórias", mas terão que ser necessariamente "sofisticadas", detectando o ponto fraco dos candidatos adversários e as aspirações do povo.

Prometer, em política, não compromete. Todos os candidatos sabem que seu compromisso com o programa de campanha é nenhum. Por isso, prometem tudo e não cumprem quase nada. O povo tem consciência de que alguma coisa está errada, mas se deixa levar, por falta, talvez, de lideranças autênticas ou de capacidade de resistir, de agir ou de disponibilizar tempo para tratar de política.

A omissão das elites e a permanente incapacidade do povo de distinguir entre marketing e verdade, além da falta de mecanismos jurídicos para controle dos detentores no poder, tornam a sociedade, de rigor, mero instrumento de domínio dos políticos.

Por essa razão, talvez, é que prestar serviços públicos não seja a primeira preocupação dos governantes, mas a de manter o poder a qualquer custo, sendo certo que, se houver tempo e se o dinheiro não for totalmente disperdiçado, algo se fará, de preferência obras de "visibilidade eleitoral", mais do que de conteúdo cívico.

Dessa forma, uma "obra faraônica", que dê visibilidade, é mais importante do que multiplicar pequenas escolas para educação do povo, visto que seu "retorno político" é pequeno.

O povo, em outras palavras, é apenas um elemento da atuação dos políticos, para ser manipulado em causa própria, valendo os programas sociais apenas para promovê-los.

Estou absolutamente convencido de que o povo só participará de uma democracia real no momento em que puder controlar os governos, e os governantes se reconhecerem como seus servidores.

Em verdade, todos os governantes são apenas e exclusivamente "servidores" do cidadão. Não são seus senhores feudais. Devem-lhe respeito. Devem-lhe prestar contas por sua representação, o mais das vezes, medíocre e indevida. E devem honrar o mandato recebido de acordo com o programa apresentado na campanha eleitoral.

Na democracia que idealizo para meu país, o cidadão deveria ser o senhor absoluto de todos os direitos sobre os governantes e estes, apenas seus servidores.

Quem quisesse, como nas ordens hospitalares da Idade Média, servir ao povo, deveria abdicar de seus privilégios e ter como meta o bem da sociedade e não o próprio bem. Caso contrário, seria melhor continuar, fora da política e do governo, pois o serviço público exige "sacerdotes" e não "aproveitadores".

Estou convencido de que, na verdadeira democracia, quem merece o tratamento de "Sua Excelência" é o cidadão. Não o agente público, quer seja ocupante de cargo administrativo, quer eletivo, eis que sua presença nos quadros de qualquer dos poderes só se justifica enquanto sirva ao povo, e nunca quando passe a usufruir do poder como coisa própria, perseguindo inimigos e privilegiando amigos.

Na verdadeira democracia, os direitos individuais deveriam ser garantidos por governos preocupados na promoção da sociedade. Apenas no dia em que os cidadãos tiverem consciência de que são mais importantes do que qualquer burocrata ou político é que poderão implantar o verdadeiro regime democrático. Até lá, serão apenas "administrados".

Capítulo 7

O CUSTO DO ESTADO MASTODÔNTICO

7.1 Os *slogans* para justificar o aumento de receitas

O Estado Moderno é propriedade de políticos e burocratas. E instrumento de dominação do povo, o qual, nas democracias, tem a falsa impressão de que é quem escolhe uns e outros.

A impressão é realmente falsa. Sendo iludido pelo marketing político, escolhe, quase sempre à luz de propaganda enganosa, o candidato que contratar o melhor homem de campanha. E, uma vez no poder, não têm estes políticos compromisso senão com as próprias ambições.

Os burocratas, por outro lado, são selecionados em concurso, a maioria das vezes, e neles o povo não tem participação. Alguns são, todavia, chamados pelos detentores do poder entre amigos e correligionários, o que leva também à não--participação do povo nessa preferência por aliados.

Dizem os políticos que, uma vez eleitos, têm delegação do povo para a livre escolha, o que não é verdade por dois claros motivos:

- O povo pouco sabe da Administração Pública, dos poderes outorgados a seus representantes, das funções que exercem, razão pela qual, quem não sabe o que está delegando, à evidência, não está senão formalmente representado.
- O único compromisso do político é com sua carreira, razão pela qual a "engorda" dos cargos de que dispõe ou cria é uma forma útil de fortalecer alianças e assegurar o futuro.

O Estado, que pertence aos políticos e aos burocratas e não ao povo, de rigor, passa a ser uma estrutura de poder a ser partilhada, como o butim das guerras, entre os vencedores.

À evidência, com tal perfil, a tendência detectada por Adolfo Wagner, no século XIX, de que as despesas públicas só tendem a crescer, passa a ser uma realidade efetiva. A classe dos detentores do poder cresce sempre, visto que sua vocação maior é para o exercício do mando e não para atender às necessidades do povo.

Estas só entram em consideração em períodos pré-eleitorais, como forma de captação de votos e da preferência do eleitor, poucos sendo os detentores do poder que, efetivamente, pensam no povo como única razão de sua atuação.

Nitidamente, estas minhas linhas, como as que já escrevi no passado, terminam por revoltar os detentores do poder e burocratas, pois desmascaram aquilo que sabem ser verdade, mas que não interessa ao eleitorado saber.

Nesta anatomia do político e do burocrata, claramente, o detentor do poder busca inúmeras justificações para aumentar os tributos, com a alegação de que precisa de mais recursos para atender o "povo", leia-se suas "ambições pessoais", com o que a carga tributária é sempre "justificada".

Sem tributos, o político e o burocrata não são nada. Os *slogans* para atendimentos das "aspirações populares" transformam-se, todavia, no grande mote para retirar recursos que a sociedade sabe quanto custa para ganhar, a fim de ser desperdiçado, em grande parte, pelos senhores do poder, em sua luta, quase sempre aética, para manutenção do Estado em suas mãos.

Os *slogans*, portanto, são o caminho falso e seguro para que os tributos sejam sempre elevados.

Uma análise, entretanto, mais acurada, há de mostrar que todas as obras públicas custam mais do que as privadas, para alimentar a corrupção e as "verbas extras" a favor dos detentores do poder, assim como as "prioridades" de seus gastos não atendem às necessidades de toda a população, mas aos interesses particulares de políticos e seus correligionários.

E, nesse ponto, o setor privado que vive à sombra dos contratos públicos, em verdade, é o acessório fundamental para nutrir as preferências, a corrupção e a obtenção de contratos para prestação de serviços públicos, pagando o preço necessário para conseguir os privilégios dessas pactuações, no mais das vezes, com prévio acordo entre os concorrentes, dificultando que o processo licitatório, criado para evitar a corrupção, seja utilizado para reduzir despesas e otimizar o contrato público.

O certo é que *slogans*, quase sempre falsos, são a semente do aumento das despesas públicas e dos tributos.

7.2 As amarras para redução de gastos públicos

A boa regra da administração pública indica que os gastos públicos não devem superar a capacidade arrecadatória do Estado e que esta não deve inviabilizar a possibilidade de a sociedade se desenvolver, levando cada cidadão uma vida digna.

Em outras palavras, a sociedade tem o direito de permanecer com aquilo que produz, para viver com dignidade e desenvolver-se, fornecendo ao Estado os recursos necessários apenas para que preste os serviços públicos imprescindíveis, preservando os direitos de todas as gerações.

Sempre que o Estado retira mais do que o necessário para atender às necessidades públicas, objetivando privilegiar os detentores do poder, e sempre que a sociedade paga mais do que deve, o crescimento da nação fica definitivamente prejudicado.

Ocorre que, no mundo inteiro, por serem as leis feitas por burocratas e políticos, privilegiam a estes e não ao povo. Criam direitos e vantagens que a sociedade comum não tem condições de suportar, sem prejuízo próprio, e que passam a ser direitos mais relevantes e fundamentais que aqueles garantidos pela Declaração Universal dos Direitos Humanos, de 10 de dezembro de 1947.

Vale dizer, os produtores e beneficiários das leis *pro domo sua* impossibilitam a redução de despesas públicas, para assegurar um complexo de vantagens, privilégios e direitos adquiridos e irrevogáveis, que pesam cada vez mais no Estado contemporâneo.

O déficit público, por exemplo, do setor previdenciário no Brasil é gerado quase que exclusivamente por esse complexo de vantagens "auto-outorgadas" pelos detentores do poder, de tal maneira que três milhões de aposentados do setor público geraram, em 2002, um déficit de R$ 52,5 bilhões, enquanto os 21 milhões de aposentados do setor privado, apenas R$ 17,5 bilhões. Em outras palavras, ganham, em média, os servidores públicos (político ou burocrata) quando aposentados, uma média de 10 vezes mais do que a média do setor não-governamental.

Por outro lado, na própria vida ativa do servidor público, conta ele com a garantia de estabilidade que não tem o trabalhador comum, sujeito ao desemprego e à competitividade do mercado em cada dia de sua vida, e não apenas uma vez, como ocorre com os concursados do setor público, quando se habilitam para o preenchimento de um cargo sujeito a esse tipo de seleção.

Ainda, o inchaço das máquinas públicas para agradar correligionários partidários e aliados gera amarras adicionais, a cada novo governo, que tornam quase impossível qualquer projeto de redução de despesas.

Em termos diversos, jamais o político, que depende de aparências, e o burocrata, que não se cansa de alargar privilégios, estão dispostos a cortar na própria carne.

Por outro lado, qualquer novo governante deseja deixar a marca — objetivando vôos sempre mais ambiciosos — de sua administração, razão pela qual a criação de novos programas, novos projetos e a paralisação ou o comprometimento dos projetos anteriores são formas de poder atender à vaidade pessoal e destruir seus opositores.

A alcaidessa de São Paulo, por exemplo, na gestão de 2001 a 2004, promoveu um brutal aumento da carga tributária para gastos prioritários em propaganda pessoal (mais do que o dobro do que da administração anterior), destruição das obras dos antecessores (repavimentação das principais avenidas da cidade, que não precisavam de repavimentação) e formulação de programa educacional, desprestigiando a multiplicação de centros educacionais menores e espalhados por toda a cidade (técnica moderna de educação), optando por pequeno número de megacentros (mais de 2.500 crianças por unidade), que dificulta imensamente o deslocamento de jovens de bairros mais afastados e implica adoção de técnica de ensino condenada, ou seja, aulas ministradas para megaclasses.

À evidência, tal tentativa de marcar a gestão da alcaidessa beneficiou mais grande parte de privilegiados empresários — muitos dos contratos foram celebrados sem licitações — e menos a população, que preferia não destruir o já construído, e que as receitas tributárias fossem aplicadas em projetos sociais mais ambiciosos ou nas reais necessidades da cidade.

A tentativa, no Brasil, de se restringir tal tipo de ação por meio da lei de responsabilidade fiscal ainda patina, com resultados menores do que os imaginados por seus autores.

O certo é que as amarras constitucionais, legais e de autobenefício criadas pelos detentores do poder, no Brasil e no mundo, dificultam a redução de despesas, pois, como dizia Carl Smith, o único objetivo do político é o poder e este deve ser exercido para sua manutenção.

Em outras palavras, a redução de despesas é sempre politicamente inviável para os detentores do poder que necessitam promovê-las para as manobras necessárias à sua manutenção no governo, com o que Adolfo Wagner, há mais de 100 anos, tinha absoluta razão. Não são nunca redutíveis as despesas dos governantes, mas crescem sempre.

7.3 As dívidas contraídas

Países desenvolvidos e países emergentes possuem um alto endividamento. Alguns deles devem muito mais que seu PIB anual, como é o caso da Itália e da Islândia, muito embora a grande maioria esteja pouco acima de 50% da média anual de seu produto interno bruto.

O Brasil situa-se entre esses, estando, por enquanto, sua dívida, abaixo do percentual da dívida americana, hoje em torno de 70% do PIB daquele país.

A grande diferença entre o perfil da dívida dos países desenvolvidos e dos emergentes reside no tempo, conformada aquela a longo prazo, enquanto a dos países emergentes situa-se no curto e no curtíssimo prazo.

Outro diferencial reside no *spread*, ou seja, a taxa de risco embutida nos encargos financeiros. A destes países é elevada, sendo praticamente nenhuma na dívida dos países desenvolvidos.

Tal conformação leva as nações emergentes, em face de qualquer crise mundial de confiabilidade — mais do que liquidez —, a serem obrigadas a propor aos investidores internacionais do sistema financeiro taxas de juros cada vez maiores, à luz do risco que passam a representar de insolvência ou inadimplência.

Durante o ano de 2003, o Brasil chegou a pagar taxa oficial de 26% de juros ao ano contra uma inflação de 9%, ou seja, taxa de juros reais de 17% contra 1% que o governo americano, administrado por Greenspean, passou a pagar para tentar reativar a economia de seu país. Em outras palavras, chegou a pagar 17 vezes mais de juros que os Estados Unidos, cujo perfil da dívida sinaliza percentual superior ao do Brasil, ou seja, de aproximadamente 70%, contra os quase 60% do Estado brasileiro.

E, à evidência, os juros elevados terminam por tirar competitividade das empresas nacionais, visto que elas tomam o dinheiro no mercado, remunerando-o em patamares elevados.

O pior é sinalizar um endividamento crescente para os próximos anos, com sacrifício da política de desenvolvimento, pela política de estabilidade.

Ocorre que os grandes países emergentes, mais do que os outros, têm problemas sociais sérios, só possíveis de serem equacionados com desenvolvimento, emprego, educação e serviços de saneamento básico e infra-estrutura, que custam recursos. No entanto, os recursos são quase sempre desviados desses objetivos para a manutenção da adimplência da dívida contraída.

Diversos programas de reescalonamento e perdão da dívida por organismos internacionais foram postos em prática, capazes de aliviar, como analgésicos, a crise imediata, em relação a países que se encontravam no limite de sua impossibilidade material de pagar o assumido. À evidência, entretanto, não equacionaram a causa fundamental do problema, ou seja, a falta de crescimento, que, nos países emergentes, foi medíocre, nas décadas de 1980 e 1990.

O Fundo Monetário Internacional, por seus líderes ou ex-líderes, em alguns momentos reconheceu sua incapacidade de equacionar os problemas desses países, não poucas vezes admitindo que seus programas, para tais nações, fracassaram.

Talvez, o mais emblemático caso tenha sido o da Argentina, que, depois de seguir, com rigidez, as lições fundomonetaristas, teve o mais retumbante fracasso na sua aplicação, com problemas que permanecem até hoje insolucionados.

O certo é que, no Estado mastodôntico, as dívidas dos países desenvolvidos são preocupantes, pois exigem uma potencialidade de giro elevado, com recursos desviados de tributos para satisfazer a sua adimplência; mas não absolutamente controláveis, pela inexistência de *spread* e juros baixíssimos, além de ser, seu perfil, de longo prazo.

A dívida dos países emergentes tem sua adimplência vinculada aos humores do mercado, às crises cíclicas do sistema financeiro e de capitais e à própria política governamental de seus governantes, cujo perfil, mais ou menos socialista, agrava ou reduz os "fatores psicológicos" de seu giro.

É certo, também, que a solução simplista de não pagá-la gera mais problemas que soluções, como ocorreu com o fracasso da moratória unilateral, de Dílson Funaro, no Brasil, ou da Argentina, visto que as moratórias só são toleradas, no mercado, quando negociadas.

De todos os fatores que tornam o Estado mastodôntico insuportável para a sociedade, as dívidas contraídas no passado representam aquele que menos depende do esforço dos governantes atuais, pois acordada anteriormente e sujeita às pressões muito superiores àquelas dos países desenvolvidos. E nem sempre, nas crises cíclicas de mercado, têm os governantes dos emergentes cacife suficiente para influir nele decididamente, objetivando cumprir suas obrigações ou manter a estabilidade necessária que sua permanência exigir. É dos maiores problemas e de menor equacionamento possível pelos detentores do poder dos países em desenvolvimento.

7.4 As obras desnecessárias

Uma das características do Estado mastodôntico é que os detentores do poder jamais dimensionam os gastos de acordo com as reais necessidades do povo, mas conforme as necessidades dos casuísmos políticos, razão pela qual as obras suntuosas — ou as que chamam a atenção —, mesmo que desnecessárias, são sempre as preferidas.

Obras necessárias, como, por exemplo, com infra-estrutura social, educacional, cultural, de pouca visibilidade eleitoral, são sempre preteridas por obras de impacto, que trazem dividendos políticos para seus idealizadores.

Por essa perspectiva, "impressionar", para o político, vale mais do que ser "útil" à comunidade, pois o marketing faz da obra visível elemento de grande repercussão para seu realizador, tendo dificuldades em transformar em dividendo eleitoral a obra de pouca visibilidade e longa maturação. Os resultados políticos imediatos são permanentemente perseguidos.

Por essa razão, as grandes obras públicas, como construção de ruas ou estradas — a prefeita de São Paulo, em fins de sua gestão, em vez de abrir novas vias e pavimentá-las, preferiu destruir as anteriores, que vinham atendendo razoavelmente a população, para repavimentá-las, tendo algumas companhias sido contratadas sem licitação —, pois tal construção torna visível o trabalho do governante e impressiona o povo.

Investimentos em saneamento básico, saúde para a população, ensino básico, médio e superior, programas culturais, bem como aqueles voltados à erradicação da pobreza, mediante criação de oportunidades para desempregados, são preocupações acessórias para o governo. As luzes da ribalta são sempre mais voltadas para as grandes obras públicas, que poderão até ter o nome de seu construtor, como, por exemplo, ocorreu na reurbanização de Paris, com o Boulevard Haussmann.

Por outro lado, a grande obra pública traz como conseqüência a possibilidade de reforçar o caixa de campanha, já que os beneficiários em geral são os grandes financiadores das campanhas dos candidatos vencedores.

Veja-se, por exemplo, nos Estados Unidos, a preferência governamental por todas as empresas que patrocinaram o candidato Bush, em relação aos contratos celebrados para a reconstrução do Iraque, sendo certo que o próprio vice-presidente norte-americano foi um dos maiores captadores de contratos públicos para os amigos e "benfeitores".

Acresce-se que, além de dirigidas às contratações, os organismos internacionais têm detectado o grande nível de corrupção que tais obras incentivam, e essa é uma das razões pelas quais os preços públicos são sempre maiores que os preços privados, uma vez que as cotas destinadas aos corruptos no poder majoram os preços contratados pela Administração Pública.

À evidência, toda essa conta é paga pelo sistema tributário, isto é, pela imposição excessiva, retirando recurso de toda a sociedade para beneficiar alguns fora do poder, mas amigos do rei, e outros, dentro do poder, para que nele permaneçam.

Compreende-se, pois, a multiplicação de obras desnecessárias com exclusivo escopo de provocar impacto político, assim como a relegação a segundo plano de programas de interesse social, educacional e cultural, cujo impacto é sempre menor.

No Brasil, a educação pública é sofrível, os colégios e as universidades privadas ultrapassam de muito a qualidade das instituições oficiais, embora haja exceções, como ocorre com as universidades do Estado de São Paulo (USP, Unicamp e Unesp).

A Constituinte, para incentivar a educação do povo, impôs que 25% de toda a receita de impostos e transferências tributárias para estados e municípios fosse destinada à educação e 18% da receita dos impostos federais.

Todos os governos têm contornado tais exigências, mediante inchaço nos denominados gastos da educação, com a finalidade de financiar obras de "impacto".

Em outras palavras, o que é necessário, mas sem visibilidade política, é sempre preterido para privilegiar o que quase nunca é necessário, mas que oferta visibilidade política.

Essa é a razão pela qual os tributos mal aproveitados fazem do Estado mastodôntico um peso de mais em mais insuportável para a sociedade, sendo um dos fatores pelos quais, em todo o mundo, não há maior justiça social e desenvolvimento, visto que a participação do Estado é elemento fundamental para que se possa promover a justiça social e o desenvolvimento econômico.

7.5 A manipulação da mídia

Os governos são bons ou maus, dependendo da versão que a mídia passe ao povo.

O Brasil conheceu inúmeros governos em que a ética e a boa administração do dinheiro público não eram artigos de primeira necessidade. Nem por isso foram derrubados pelo povo.

O presidente Collor foi derrubado porque a mídia, além de dar visibilidade aos desmandos cometidos em seu governo, chegou, mesmo, a manipular fatos, como, por exemplo, transformar um jardim comum de sua residência nos jardins suspensos da Babilônia, por meio de uma fotografia excepcionalmente bem tirada, por fotógrafo da *Veja*, e estampada na primeira página da revista semanal.

Acossado pela mídia, insuflada pelos partidos que não toleravam o Presidente, foi ele afastado do poder, sem poder se defender, visto que o Supremo Tribunal Federal negou acesso aos documentos e à acusação, conforme solicitação do Presidente da Câmara, deputado Ibsen Pinheiro, sendo, pois, pela primeira vez na história daquela Corte, cerceada a defesa do acusado, salvando-se os votos corajosos dos ministros Moreira Alves, Octávio Gallotti e Ilmar Galvão, fundamentados na iterativa jurisprudência do Pretório Excelso, segundo os quais, sem acesso às peças de acusação, não pode haver defesa, nem julgamento.

Mais tarde, foi o próprio deputado Ibsen Pinheiro cassado por não ter conseguido comprovar apenas 2% da movimentação ocorrida em suas contas bancárias, quando é certo que dificilmente uma pessoa será capaz de se lembrar de todos os cheques emitidos e depositados, em suas contas, nos últimos cinco anos.

Em ambos os casos, de cassação política por pressão da mídia e por manipulação da opinião pública, os políticos mencionados foram **absolvidos** na Justiça, acabando o Poder Judiciário por reconhecer a falta de provas materiais para as acusações políticas que lhes tinham sido imputadas.

Sempre critiquei o presidente Collor, desde o primeiro dia. Porém, disse ao deputado Ibsen Pinheiro — que considero um homem íntegro — que ele sofrera na própria pele a solução antidemocrática imposta por ele ao presidente Collor. Não tenho simpatia por Collor e gosto de Ibsen, embora considere ambos injustiçados pela imprensa, por seus correligionários e pelo povo, no que diz respeito a seu afastamento do cenário político. Para ambos, elaborei parecer jurídico de que não havia elementos legais para condená-los. O Judiciário confirmou os fundamentos de meu parecer.

O político que controla a mídia controla o povo.

Hitler, por meio de Goebbles, fazia crer ao povo alemão, em fins de 1944 e começos de 1945, que a guerra seria ganha, pois a Alemanha possuiria armas letais capazes de conduzi-la à vitória (a bomba atômica e a bomba voadora para levá-la aos países inimigos).

Tive um dentista que foi aviador da Luftwaff, aos 19 anos de idade, e que caiu prisioneiro dos aliados, em começos de 1945. Ele acreditava plenamente na vitória final, pois a mídia era controlada pelo governo.

No momento, os norte-americanos alardeiam que a ameaça terrorista põe em risco o mundo, quando, em verdade, mataram mais civis iraquianos do que os terroristas ao provocarem a tragédia das torres gêmeas.

A imprensa norte-americana tem apresentado os mal armados iraquianos, que resistem à invasão de seu país, como "terroristas", e os soldados norte-americanos, que mataram mais de 12 mil civis e impuseram torturas nas prisões daquele país — além dos soldados das forças regulares do exército de Saddam —, como "defensores da liberdade".

Em momento de tensão política nos Estados Unidos, em face dos arroubos de alcova do presidente Clinton, decidiu-se, para desviar a atenção da mídia, destruir uma fábrica no Sudão, que, segundo a imprensa, produziria armas de destruição em massa.

Depois de destruída, os técnicos norte-americanos, segundo relata Peter Lawsen, em *O Livro Negro dos Estados Unidos*, concluíram que não havia qualquer elemento que pudesse ser utilizado em armas e que a fábrica era a única que produzia remédios e vacinas contra a malária, doença endêmica no país. Em decorrência de sua destruição, naquele ano, o número de mortes por malária, no Sudão, bateu todos os recordes. Tal fato foi ignorado pela mídia.

O Estado mastodôntico vive em função da mídia e seus governos sobrevivem graças à mídia, que, apesar de exercer papel profilático de informar e desventrar as podridões dos porões governamentais, não poucas vezes provoca injustiças profundas, em relação aos detentores do poder e, em outros momentos, acoberta os desvios dos governos de sua preferência ou daqueles que lhe tratam financeira e politicamente bem.

Acrescente-se que há um profundo preconceito do segundo e do terceiro escalões de quase todos os jornais, em todo o mundo, contra os empresários bem-sucedidos e uma simpatia permanente pelo que denominam de "interesse público", sem que façam a necessária distinção entre esse interesse e aquele dos detentores do poder, que utilizam a máquina do Estado *pro domo sua*, mesmo quando servindo à coletividade.

A impossibilidade de redução do Estado mastodôntico reside no fato de que a sociedade tem pouco conhecimento de sua monstruosa dimensão, sendo, nesse ponto, a mídia pouco eficaz em denunciá-lo, para ensejar reação popular adequada.

7.6 A INCOMPETÊNCIA GERENCIAL

Outro ponto que torna o Estado Moderno um mau prestador de serviços é o da incompetência gerencial dos detentores do poder.

O político é, normalmente, um mau administrador. Acostumado a buscar a simpatia do eleitorado e transigir, mesmo em questões em que qualquer transigência seria inadmissível, para ficar bem perante os eleitores, não se prepara para bem exercer a arte e a técnica da administração pública. E, quando conquista o poder e assume a condução de um país, de uma região ou até mesmo de um município, enfrenta os problemas próprios de um "não-administrador", de um "não-habilitado" para a gestão da coisa pública, por não possuir o preparo, em nível universitário ou profissional, para gerir — que é bem diferente daquele necessário para conquistar o poder.

Acresce-se o fato de que aquele que sobe ao poder deve contentar os que o apoiaram e, principalmente, os correligionários de seu partido ou da coligação de partidos. E estes sofrem do mesmo mal do político vencedor, ou seja, falta de preparo e falta de vocação gerencial.

São obrigados, então, a trabalhar com a burocracia, teoricamente mais preparada, mas cuja visão também é corporativista, visto que trabalha com dois objetivos maiores, a saber:

- manter seus privilégios, cargos, direitos e promoções;
- não alterar aquilo que aprendeu a fazer, na sua limitada visão dos problemas nacionais, o que vale dizer, ser sempre resistente a qualquer modificação que lhe faça sair da rotina e aprender novidades, em substituição ao conhecimento das rotinas que dominava.

Essa é a razão pela qual os políticos despreparados e os burocratas reacionários tornam a gestão da coisa pública complexa, com insuficiência de resultados. Tudo o que deve ser feito na Administração Pública leva tempo incomensuravelmente maior do que na iniciativa privada, a custo operacional imensamente superior.

Alega-se que esse é o custo da democracia, o que, entretanto, não procede, uma vez que a eficiência é o mínimo que se deve exigir da Administração Pública, num regime democrático.

No Brasil, houve por bem a Constituinte acrescentar, aos quatro princípios basilares da Administração (moralidade, publicidade, impessoalidade e legalidade), um quinto princípio, que é o da eficiência (art. 37, *caput*, da CF).

Fosse o serviço público eficiente — que é o que se espera do Poder —, a inclusão do princípio no texto constitucional seria desnecessária, por se tratar de algo inerente à Administração Pública, como o são a ética, a impessoalidade, a transparência e o respeito à lei.

O Estado burocrático da atualidade cria, pois, um impedimento permanente ao crescimento das nações — apesar das potencialidades do setor empresarial privado —, visto que vive a criar amarras que prejudicam intensamente o desenvolvimento das nações.

E o modelo de Estado mastodôntico independe do tipo de regime (democrata ou ditatorial) que adota, pois, em qualquer deles, é uma permanente âncora, impedindo que a nação progrida.

Os denominados desafios de mitos econômicos criados (capitalismo *versus* socialismo) perderam sua relevância em um mundo em que o capitalismo invade países ditatoriais e socialistas — como é o caso da China —, e a concentração empresarial nos Estados liberais ainda não foi corrigida, em muitos países democráticos, como é o caso do Brasil (examine-se, por exemplo, o processo das privatizações) ou da Argentina.

Em outras palavras, ser ou não um país socialista ou ditatorial perante os agentes econômicos é algo irrelevante, uma vez que estes pretendem apenas que se assegurem, em qualquer regime, o capital privado investido e a potencialidade empresarial.

Os mitos econômicos do passado tombaram em face da nova realidade, em que a dinâmica da economia torna obsoletos os perfis míticos dos dois regimes econômicos até então vigentes, demonstrando que os países socialistas de "economia socialista de mercado" evoluíram menos que os capitalistas, mas mais que nações socialistas de economia puramente socialista, como China e Cuba estão a demonstrar.

O mundo do século XXI adentra em um novo tipo de convivência econômica, em que os princípios do livre comércio, livre concorrência e livre iniciativa estão a merecer revisões conceituais, não sendo tão opostos, como se pensava, no passado.

A destruição das "idéias-tabus" na Economia está facilitando a evolução para uma nova forma de permanência econômica. Os velhos mitos do passado não respondem mais às necessidades dos países, e a convergência de objetivos passa a ser a tônica dominante da evolução econômica, nos limites permitidos pelo Estado mastodôntico, ainda longe de ter sido dominado.

Capítulo 8

O ESTADO IDEAL

8.1 A ADMINISTRAÇÃO PÚBLICA

A história da humanidade tem sido contada — salvo a corrente que se dedica à valorização do cotidiano — com base nos feitos dos detentores do poder em todas as épocas e em todos os espaços geográficos.

Quem detém o poder faz a história e repete, com fantástica monotonia, todos os erros e acertos de seus antepassados, muito mais erros que acertos, infelizmente.

A humanidade progride, apesar dos governantes, graças ao talento de personalidades vocacionadas, nas diversas áreas do conhecimento, só não evoluindo mais por força da permanente e dramática luta que travam os que desejam o poder.

O certo é que — já mostrei nos capítulos anteriores — as máquinas administrativas esclerosadas e inchadas e a partilha do poder entre os aliados e correligionários é o grande drama da história humana, em que o Estado serve mal a sociedade e os que conquistam o poder pensam mais neles próprios do que no povo.

Ora, o Estado ideal deveria passar, necessariamente, por uma reformulação de sua aparelhagem administrativa à luz das exigências feitas pelos cidadãos.

Tem se criticado o denominado "Estado Mínimo" por não fazer Justiça Social. Ocorre que o "Estado Máximo" também não o faz, visto que, para ser mantido esse perfil pelos cidadãos, retira forças da sociedade em prol da manutenção de inúteis estruturas burocráticas e multiplicação de funções desnecessárias.

O Estado ideal deveria ser conformado valendo-se da simplificação das exigências impostas ao cidadão, devendo dar-lhe mais liberdade e ser apenas um reorientador de ações que se revelem perniciosas à sociedade.

O Estado dirigente ou intervencionista termina criando amarras e controles que eliminam, em grande parte, as forças da sociedade, sobre criar uma estrutura policialesca para cumprimento de suas exigências.

Veja-se, por exemplo, o número de documentos que um cidadão deve possuir para mostrar que existe (carteira de identidade, profissional, previdenciária, de motorista, de contribuinte dos diversos fiscos, título de eleitor etc.), quando poderia ter um único documento, com todas as informações, hoje sem qualquer dificuldade para ser criado com os recursos da informática.

Ocorre que, por trás de cada um desses documentos, há toda uma estrutura burocrática, com burocratas opositores à sua extinção e que são mantidos graças à criação de complicações na vida dos cidadãos.

O Estado ideal pressuporia uma máquina administrativa enxuta, com a existência dos três Poderes e a redução do número de Ministérios no Poder Executivo, assim como uma única casa Legislativa, para tornar mais rápidas as soluções ao nível da elaboração das leis, como já ocorreu em muitos países, inclusive em federações.

No Poder Executivo, um Ministério da Economia, um Ministério da Justiça, um Ministério da Defesa, um Ministério da Ação Social, um Ministério da Educação e Cultura, um Ministério do Desenvolvimento Tecnológico e um Ministério das Relações Exteriores, todos com secretarias especializadas e não multiplicadas, representaria um notável enxugamento das máquinas.

Por outro lado, as agências regulatórias, com função de projeções de políticas macroestratégicas e de fiscalização — não de imposição —, serviriam para, na área econômica, facilitar a ação empresarial, na atuação econômica do mercado e naquela de prestação de serviços públicos com densidade econômica.

Não haveria necessidade de, por exemplo, na Agricultura, haver, como no Brasil, dois ministérios (Reforma Agrária e Agricultura). Toda a política macroeconômica é inserida na grande Economia, o que possibilitaria a redução de tais ministérios a meras secretarias do Ministério da Economia.

A legislação deveria ser simplificada. Pretendeu-se — e não se conseguiu até o presente, no Brasil — reduzir o número de leis novas sempre que o intento fosse alterar apenas algum ou alguns dispositivos da lei anterior. Far-se-ia apenas a menção ao artigo da lei anterior alterado, e a nova lei teria o mesmo número da anterior com referência à data da nova redação ao lado do artigo, com o que a própria pesquisa do intérprete seria facilitada.

O excesso de regulação e de controles cria, necessariamente, um sistema de venda de facilidades e de corrupção e concussão, pois o excesso de burocracia, por emperrar o livre fluxo da economia e da cidadania, incentiva tal forma deletéria de estratégias para se obter a rapidez que a burocracia não permite.

Por fim, a responsabilização por gastos superiores às previsões orçamentárias ou por projetos sem suficiente embasamento — proibidas projeções de receitas superiores para justificar aumento de gastos orçamentários também superiores, embora fictícios — deveria ser punida com inelegibilidade, responsabilidade civil e criminal para impedir devaneios dispenditivos de caráter político.

Embora a Lei da Responsabilidade Fiscal (LC nº 101/01) — na linha dos arts. 165 a 169 da CF brasileira — tenha se orientado por tais princípios, deixou a desejar, pelas inúmeras exceções abertas e por excessiva tolerância na sua aplicação pelas Cortes de Contas, nos exames das contas públicas.

8.2 A questão previdenciária

O grande problema dos governos, em todo o mundo, é equacionar o problema previdenciário.

A tecnologia gera desenvolvimento e desemprego. A evolução da medicina gera longevidade. Os direitos trabalhistas geram redução do tempo de trabalho e uma população reivindicatória cada vez mais forte. Por fim, as estruturas irredutíveis do Estado geram carga tributária maior e disponibilidade menor para a sociedade, insuficiente para promover a geração de progresso e crescimento.

De todos esses problemas, a longevidade crescente das pessoas e as prematuras aposentadorias, assim como um sistema de seguridade social para fazer frente ao desemprego, termina por consumir grande parte das forças de qualquer país, em ritmo crescente, visto que cada vez menos pessoas sustentam cada vez mais aposentados com idade avançada.

Nos três sistemas preferenciais de aposentadoria, ou seja, de participação, capitalização ou privada (fechada ou aberta), o grande problema é criar os fundos necessários públicos ou privados para enfrentar as pessoas que deixam de trabalhar e não desejam reduzir seu padrão de vida, exigindo maiores recursos para prover o uso crescente de remédios e a freqüência maior de visitas aos consultórios médicos e aos hospitais.

No sistema de participação, governo e beneficiário contribuem, ficando os recursos sob a administração pública. No momento da aposentadoria, nos termos da lei, o beneficiário deveria receber da previdência oficial seus direitos, de acordo com os padrões em que ele e o Poder Público tivessem participado.

No sistema de capitalização, os beneficiários formam o próprio pecúlio, com participação do Estado, passando a usufruir da aposentadoria à luz dos resultados da capitalização.

Nos fundos privados abertos ou fechados, o sistema é de capitalização, mas a administração é privada e não pública.

Todos eles dependem de resultados de mercado, que, se der prejuízos às aplicações ou se elas forem mal gerenciadas, terminam por descortinar problemas de inadministrabilidade futura.

A longevidade da população mundial torna a necessidade de recursos cada vez maior para atender os aposentados, cujos benefícios dependem de novos aportes de futuros beneficiários, em número cada vez menor dada a diminuição do crescimento demográfico.

Os Estados Unidos, em que os Fundos de Pensão trabalham com ciclópicas cifras, estão, no momento, passando por sérias dificuldades, visto que a remuneração do mercado financeiro é praticamente nula e, nas bolsas de valores, os riscos são sempre muito grandes.

No Brasil, tais fundos vivem também momento difícil, por motivos semelhantes.

Por outro lado, entre nós não houve um sistema de capitalização e o adotado, de participação, teve todo o dinheiro arrecadado mediante contribuições previdenciárias, gasto, em grande parte, para cobrir furos do Tesouro, o que vale dizer, a dívida atuarial brasileira é pelo menos o dobro de sua dívida externa e interna.

Ora, tal realidade — que hoje é um verdadeiro pesadelo para países como França, Itália e Espanha — no Brasil é dramática, bastando atentar para o fato de que o déficit, gerado em 2002, foi de 70 bilhões de reais, ou seja, mais de 5% do PIB nacional.

Vejo apenas uma solução para o problema, de rigor muito semelhante à proposta apresentada pelo Ministro Berzoini — não aquela aprovada pelo Congresso Nacional, com a EC nº 41/03 —, ou seja, a criação de:

- um regime novo para todos os cidadãos, com um teto limitado a determinado número de salários mínimos, proveniente de um fundo de capitalização (Estado e cidadão);
- um sistema de previdência privada facultativa, cuja gestão seria partilhada entre beneficiários futuros e capitalizadores e/ou autoridades ou executivos especializados escolhidos de comum acordo (haveria uma capitalização proporcional ao benefício futuro, facultativo e sem limites, por parte do cidadão);
- um regime de transição, para respeitar direitos adquiridos passados — mesmo os de mera expectativa de direito —, além do regime novo, elencado nos incisos anteriores, em que os anos trabalhados gerariam direitos conforme o regime passado e os anos a trabalhar gerariam direitos de acordo com o regime novo;
- o não-pagamento de aposentadorias a quem está trabalhando, visto que a aposentadoria objetiva sustentar o incapacitado ou pessoa já desgastada pelo trabalho;
- uma promoção para quem trabalha além do prazo de aposentadoria, que se refletiria em acréscimos proporcionais aos anos de trabalho, de tantos avos quantos os anos de trabalho a mais (por exemplo, em país em que a aposentadoria se der aos 35 anos de serviço e o cidadão trabalhar 40, teria um acréscimo na sua aposentadoria de 1/7 de seu valor);
- a intangibilidade de recursos oficiais destinados à Seguridade Social, em seu sentido amplo, de tal forma que o governo não pudesse fazer uso de tais recursos para outras finalidades.

O problema futuro da humanidade passa, necessariamente, por um equacionamento da questão previdenciária, que, se não for solucionada adequadamente nos próximos anos, será um dos grandes pesos sobre a sociedade a dificultar a redução do Estado mastodôntico e a promoção do desenvolvimento e do progresso.

8.3 O PESO DOS TRIBUTOS

Clássico ditado afirma que as duas únicas coisas certas na vida são os tributos e a morte. Desses dois eventos indesejáveis, a humanidade procura atrasar o último, o que nem sempre é possível, e reduzir o primeiro ao seu limite de justiça e tolerância.

Ocorre que, assim como a morte, os tributos tornam-se indesejáveis porque são, na maior parte das vezes, injustos. Acabam sendo retirados da sociedade apenas para sustentar os detentores do poder.

Permito-me aqui, ainda em linguagem corrente, tecer algumas considerações sobre a injustiça da carga tributária, como uma característica de reação da sociedade à sua elevação constante.

A imposição tributária, sempre que examinada à luz dos princípios que regem a Ciência do Direito, tem merecido variada gama de análises, o mais das vezes desrelacionada dos elementos pré e metajurídicos que a informam.

Assim é que as três mais importantes correntes que a enfatizam, ou seja, a da obrigação *ex lege,* a do fato gerador e a da teoria procedimentalista, insistem em captar sua fenomenologia com base na realidade posta, instrumentalizando aspectos que, por serem gerados em outras áreas das Ciências Sociais, são recebidos de forma intraumática e indiscutível, no máximo dedicando-se, o intérprete ou o legislador, a corrigir distorções na disciplina desejada pelos cientistas de outros campos.

Em face de uma concepção fenomênica distinta, tenho procurado, em livros, conferências e escritos, reformular a reflexão acadêmica sobre a imposição, sem preocupação de afastar qualquer processo capaz de contaminá-la, pelo uso de raciocínio e linguagem de outras ciências — contaminação que, a meu ver, termina por enriquecer a compreensão da problemática gerada pelas necessidades do Erário, sob o prisma de sua normatividade.

A imposição tributária, como decorrência das necessidades do Estado em gerar recursos para sua manutenção e a dos governos que o administram, é fenômeno que surge no campo da Economia, sendo reavaliado na área de Finanças Públicas e normatizado pela Ciência do Direito. Impossível se faz o estudo da imposição tributária, em sua plenitude, se aquele que tiver que estudá-la não dominar os princípios fundamentais que regem a Economia (fato), as Finanças Públicas (valor) e o Direito (norma), posto que pretender conhecer bem uma ciência, desconhecendo as demais, é correr o risco de um exame distorcido, insuficiente e de resultado, o mais das vezes, incorreto.

Com efeito, a substância econômica pertinente ao estudo das relações micro e macroeconômicas oferta o campo sobre o qual incidirá a ação do Estado, objetivando apropriar-se de parcela daquela riqueza criada pelos cidadãos, em suas mais variadas formas, a fim de atender às necessidades representativas da comunidade e àquelas que dizem respeito exclusivamente aos interesses dos detentores do poder.

O fato de que a imposição tributária representa apropriação de bens dos cidadãos para duplo atendimento das necessidades legítimas do Estado, enquanto representante do povo de uma nação, e aquelas menos legítimas — ou sem nenhuma legitimidade — dos detentores do poder, traz elemento de relevo indiscutível para a concepção de uma adequada teoria tributária.

Com efeito, a avaliação, procedida no campo das Finanças Públicas, de matéria suscetível à imposição, é ofertada pela Economia, avaliação que pode resultar em normação tributária ou não, como sói acontecer com a indústria cigarreira, em alguns países de exploração direta pelo Estado, sob o regime de monopólio, e, em outros, verdadeira indústria fiscal.

O aspecto valorativo do *substractum* econômico, que termina por desaguar em solução de regulação tributária ou meramente administrativa, à luz da teoria tripartida do direito de conteúdo unitário, traz, como conseqüência do ato de valorar, a escolha definitiva da solução normativa, que, quando adentrando o campo tributário, necessita instrumental mais abrangente de percepção e mais limitado de execução, como se verá a seguir.

Isso ocorre porque o ato de valorar o fato econômico tributável implica o conhecimento unitário da realidade imponível, de um lado, e das necessidades públicas, de outro, convergência que pode afetar, se incorretamente colocada, o nível de justiça fiscal pertinente à imposição.

Com efeito, se a valoração do fato ganhar foros de neutralidade, destituindo-se a conseqüência (norma) de qualquer conteúdo ético, numa simples redução da axiologia ao ato mecânico de escolha formal sem outras preocupações que não a decisória, a tridimensionalidade, nesse segundo momento, embora justificada, no plano formal e instrumental, perde significado, em visão mais abrangente do Direito, em que o ideal de justiça, muito além do mínimo ético idealizado por Bentham, constitui a própria essência da norma jurídica.

Em outras palavras, a visão tridimensional do fenômeno jurídico pode ser exteriorizada de forma plena ou ganhar uma quarta dimensão, em que o ato de valorar não se exterioriza mecanicamente, mas com decidido conteúdo ético. Mais do que valorar, é necessário valorar bem.

É bem verdade que, em uma visão formal, o "valorar bem" poderá distanciar-se do "valorar justo", na medida em que se beneficie um dos pólos da norma, o que levou Hart a lembrar, com certo ceticismo, que as leis, embora feitas para serem aplicadas a governantes e governados, por serem feitas pelos governantes, terminam sendo suportadas apenas pelos governados.

O valorar bem, portanto, implica uma relação de igualdade ou de proporcionalidade isonômica entre os pólos sujeitos à relação criada. O valorar bem que implique privilégios de um lado sobre o outro tem, como conseqüência, um desequilíbrio fático que descompassa a norma no tempo, sobre tirar-lhe legitimidade.

O valorar bem é valorar justo, ofertando equilíbrio inicial capaz de permitir longa duração à norma, último momento do processo de juridicização da realidade social.

Ora, no campo da imposição tributária, o valorar bem é valorar justo, mas o valorar justo nem sempre é possível. Poderia dizer: "isso raramente é possível", segundo a linha do pensamento de Adolfo Wagner, quando, há mais de um século, afirmava que as despesas públicas tendem sempre a crescer.

Deve-se lembrar que a teoria das formas de governo, na filosofia, tem demonstrado que o homem não é confiável no poder e tende a identificar-se com o mesmo, tornando o povo não o destinatário final de seu serviço, mas servidor de seus interesses.

Não é sem razão que Aristóteles, ao dividir os tipos de governo em seis, fazia menção à existência de formas boas e más, não em função do sistema de governo, mas do mecanismo de detenção do poder, a saber, por um, poucos ou muitos homens, considerando que o governo seria bom se destinado ao bem da comunidade e mau se destinado ao bem dos detentores do poder. Essa lição foi reproduzida por Políbio e Maquiavel, tendo este, todavia, nO *Príncipe* — a mais conhecida de suas obras, embora não a melhor —, substituído o conteúdo "ético" do exercício do poder pelo continente "eficiente", de tal maneira que a manutenção do governo se justificaria por si mesmo.

Não sendo a natureza humana confiável, Montesquieu, a partir dessa realidade, formulou a teoria do poder autocontrolável, posto que, se o poder não controlar o poder, este se corromperá e se deteriorará. À evidência, o homem, no exercício do poder, termina por governar, sempre que possível, não em benefício do povo, mas, necessariamente, em seu próprio benefício, valendo o gráfico verso de Jean Rotrou: "Tous les crimes sont beaux, dont un trône est le prix" ("Todos os crimes são bons, quando o trono é a recompensa").

Ora, a imposição tributária oferta a melhor forma de atendimento às necessidades públicas, visto que, das diversas fontes de receitas públicas conhecidas na doutrina e na prática, é aquela que mais recursos propicia ao Estado.

Ora, se o homem não é confiável no exercício do poder e se tende, nesse exercício, a exigir sempre mais da comunidade do que, para a comunidade, seria desejável, à evidência, a carga tributária é necessariamente maior do que precisaria ser para atender à dupla finalidade, ou seja, atender ao interesse público e bem atender ao interesse dos que governam.

Em outras palavras, a carga tributária é obrigatoriamente desmedida, em qualquer espaço geográfico e período histórico, pela instabilidade do poder e pelo exercício dicotômico deste, em duas direções distintas.

À evidência, a teoria da "carga desmedida" traz, como conseqüência, o afastamento da concepção clássica de que a carga tributária seria sempre "indevida", segundo a qual o Estado retira de quem tem e trabalhou para ter, o que julga necessário, sem nada ter feito para merecer.

À nitidez, a teoria da carga desmedida situa-se entre a radical teoria dos tributos indesejáveis — e injustos — e a teoria da carga sublimada, ou seja, de que os tributos são arrecadados sempre na justa medida e objetivando as necessidades do Estado e o bem do povo.

A carga é, entretanto, sempre desmedida, pelo menos em face de seis aspectos sobre os quais já me debrucei no passado:

1. ***Objetivos e necessidades mal colocados****. Normalmente, o contribuinte entende que a fixação de objetivos, no concernente às necessidades públicas, é feita* *na perspectiva de metas superiores às possibilidades governamentais, quando não mal eleitas entre as prioridades existentes. Por essa razão, o aumento de receita pretendida por atendimento de metas mal escolhidas representa, quase sempre, indiscutível fonte de atrito entre contribuintes e Fisco, nunca estando aqueles satisfeitos com os fins escolhidos.*

2. ***Gastos supérfluos.*** *Os gastos supérfluos do Poder Público, na linha dos funcionários desnecessários e das mordomias institucionalizadas, na administração direta e indireta não-lucrativa, trazem outra área de atrito, pois o contribuinte sente que o peso excessivo da receita aumentada para o inútil e supérfluo é coberto pela carga tributária acrescida. E, nos momentos mais agudos de crise econômica, a contestação é maior pela necessidade de contenção e sacrifício exigidos pelos Governos, que nunca têm a coragem de atingir a própria máquina administrativa.*

3. ***Os contribuintes apenados.*** *Muitas vezes, a eleição de política tributária para o desenvolvimento traz, em seu bojo, injustiças detectadas, com privilégios a certos contribuintes em detrimento de outros. A política brasileira de incentivos fiscais, regionais e setoriais, embora necessária, trouxe benefícios indiscutíveis a certos empreendimentos com capacidade de aproveitá-la, mas colocou disparidades em relação a pequenos empreendimentos, sem técnica e capital de origem para suportar carga maior, pelo não-acesso a tais benefícios. Outras vezes, setores menos essenciais são beneficiados em detrimento de outros essenciais, como, por exemplo, a tributação de Imposto de Renda em relação aos rendimentos de trabalho e aos rendimentos de capital de investidores estrangeiros, distorção a justificar a perspectiva do contribuinte de rendimento do trabalho de que paga demais, por erro de enfoque público.*

4. ***A sonegação e o tratamento prático diferencial.*** *Outro aspecto também característico da resistência do contribuinte é aquele concernente à revolta dos que pagam, porque não podem deixar de fazê-lo (indiçação das fontes pagadoras), em relação aos que sonegam, à falta de máquina fiscalizadora eficiente, no que se sentem injustiçados e confiscados em seus recursos para o atendimento das necessidades de uma comunidade, na qual os sonegadores são também beneficiados.*

5. ***A fiscalização.*** *Outra faceta que faz o contribuinte sentir no tributo uma penalidade refere-se ao aparelho humano da fiscalização, em que há ainda, em alguns setores, agentes, que pressionam em excesso para fazer acordos ou vender favores, levando-o à certeza da injustiça de uma estrutura que permite tão baixa moralidade exatora.*

6. ***A sonegação e o aumento de receita.*** *Por fim, entre outros importantes fatores, deve-se lembrar o princípio de que a tributação ganha níveis elevados para compensar a receita não arrecadável dos sonegadores, com o que aqueles que pagam têm a certeza de estar pagando mais do que deveriam para cobrir a parte dos que não pagam.*

Ora, voltando ao segundo elemento da teoria tripartida de conteúdo unitário, que consiste no ato de valorar bem, há de se convir que a imposição tributária será tanto mais justa quanto mais existir o equilíbrio entre os dois pólos, passivo e ativo da respectiva relação, sendo função do legislador e do intérprete, em uma segunda fase, com flexibilidade menor, objetivar a justiça da norma fiscal, com base na enunciação da correta e justa carga a ser suportada pelo cidadão.

Grande parte do esforço mundial, nas décadas de 1980 e 1990, para reduzir a carga tributária global, decorreu dessa percepção fenomênica, ou seja, a de que quanto maior for a presença do Estado mais danosa será ao cidadão, devendo ser reduzida às menores dimensões possíveis, ou seja, a garantir segurança interna e externa, administração de justiça, saúde, educação, previdência e repressão ao abuso de poder econômico e nada mais.

Os esforços que têm sido feitos nessa área, todavia, se bem que notáveis, nos últimos anos, ainda se revelam insuficientes, visto que a natureza humana não se modifica, e a inexistência de mecanismos eficazes para controlar o Estado e o Governo torna mais difícil operacionalizar a fiscalização por parte do povo.

E aqui chego ao ponto que desejava, para formular a teoria impositiva de acordo com a divisão das normas em normas de aceitação e de rejeição social.

Hans Kelsen e Carlos Cossio travaram, no passado, intenso debate para definir se as normas sancionatórias seriam primárias ou secundárias, entendendo aquele que seriam necessariamente primárias, por destinarem a assegurar as normas de comportamento, e este, que seriam secundárias, posto que a lei é feita para ser cumprida e não pode ser estudada a partir de sua patologia jurídica.

No concernente à divisão em normas de aceitação social e de rejeição social, o dilema se compõe, na medida em que as normas de aceitação social têm nas sanções instrumental repressivo de rara aplicação, posto que as normas de comportamento seriam cumpridas, mesmo que não houvesse penalidades.

As denominadas leis naturais — na moderna concepção de direito natural, que não se choca com o direito positivo, visto que há normas que o Estado apenas reconhece e outras que cria — são, quase sempre, normas de aceitação social. O respeito ao direito à vida é típica norma de comportamento, que seria cumprida pela maior parte dos homens, mesmo que sanção não houvesse. Para tais normas, compreende-se que as normas sancionatórias sejam secundárias, visto que o brilho das normas primárias ou de comportamento por si só assegura a força de sua aplicação e aceitação pela comunidade. Dessa forma, quanto às normas de aceitação social, Cossio tem razão, sendo a norma sancionatória mero apêndice de aplicação restrita aos desajustados sociais.

O mesmo não acontece quanto às normas de rejeição social. Nestas, prevalece a necessidade da norma sancionatória, única capaz de fazer cumprida a norma de rejeição social.

O tributo, como o quer Paulo de Barros Carvalho, é uma norma. É uma norma de rejeição social. Vale dizer, sem sanção não seria provavelmente cumprida. A sanção é que assegura ao Estado a certeza de que o tributo será recolhido, visto que a carga desmedida que implica traz, como conseqüência, o desejo popular de descumpri-la.

Tanto assim é que um contribuinte que seria incapaz de matar alguém, mesmo que não houvesse norma sancionatória, muitas vezes, é tentado a não pagar tributos, só o fazendo em face do receio de que a norma sancionatória lhe seja aplicável. É que todos os contribuintes sabem que pagam mais do que deveriam pagar para atender às necessidades maiores do Estado e às necessidades menores dos detentores do poder.

Assim, no que diz respeito às normas de rejeição social, parece-me que a teoria kelseniana tem maior propriedade, visto que a norma sancionatória é, evidentemente, a assecuratória de norma tributária.

Ora, de tal perspectiva, mister se faz entender a importância da lição de Messner, que visualizou, na Ciência Jurídica, uma concepção tripartida de conteúdo unitário, em que os "fins existenciais do homem" terminam por ofertar o conteúdo ético do Direito. Todas as correntes tridimensionalistas, que tornam despiciendo o conteúdo ético, à evidência, tornam insuficiente sua formulação fenomênica, posto que eliminam da normatividade seu elemento de permanência, que é a legitimidade.

É bem verdade que a crítica formalista a tal concepção decorre dos problemas gerados pela corrente racionalista do direito natural, que pretendia existirem soluções jurídicas permanentes e imutáveis para todas as relações juridicizáveis.

À nitidez, tal desiderato, em face da complexidade consideravelmente mais ampla do fenômeno social, é desejável, mas, no atual estágio de desenvolvimento cultural humano, afirma-se de impossível abrangência, razão pela qual os jusnaturalistas da atualidade restringem os fins naturais a um complexo de leis que cabe apenas ao Estado reconhecer, porque não tem poderes de criar, como o direito à vida, por exemplo.

É também verdade que a assepsia total do Direito, não contaminado por elementos de interpenetração de outras áreas, sobre empobrecê-lo, restringe o papel do jurista ao de costureiro da ordem social, e não mais de médico, que sempre foi.

De criador e orientador da ordem social justa, reduz-se o seu papel ao de mero instrumentalizador daqueles princípios e criações conhecidos em outras áreas do conhecimento humano.

Não foi sem razão que Norberto Bobbio, tentando conciliar o positivismo e o jusnaturalismo — não em uma visão de complementaridade, mas de campos autônomos e separados — idealizou o estudo do Direito em três áreas, permitindo o exame da concepção jusnaturalista apenas no da Ciência Jurídica.

É que sem Justiça não há Direito. A desobediência da norma injusta é imperativo social, determinado pelas leis naturais, e se a força reduz, de imediato, o espírito de não-conformação popular, o tempo trabalha contra a injustiça normativa, terminando por atingir a lei e seu criador.

Não foi, portanto, sem razão que a Royal Comission of Taxation do Canadá, visualizando o fenômeno impositivo à luz da justiça tributária, destacou 11 finalidades de uma correta política fiscal, não sendo, o incremento da arrecadação, a mais relevante.

Por ser norma de rejeição social, a partir da teoria da carga desmedida, há de se submeter à adoção de princípios hermenêuticos próprios daqueles ramos jurídicos que implicam restrição de direitos, como é o caso da tipicidade fechada, da estrita legalidade, da reserva absoluta de lei formal, que resultam na adoção da retroatividade benigna, da vedação à integração analógica apenadora e às interpretações extensivas *in pejus* — técnicas exegéticas próprias de defesa do cidadão contra a idolatria do Estado.

Neste capítulo, lanço a semente de uma reflexão mais aprofundada sobre a imposição tributária, deixando de examiná-la à luz de uma visão sublimada, como querem os intérpretes oficiais ou de uma forma negativa, como querem os clássicos do século passado. O estudo de sua realidade como ela é permite que se estabeleça o grau de justiça tributária desejável e adequação do tributo às necessidades da comunidade, e se impõe, na medida em que se aceite o fenômeno da interpenetração das Ciências Sociais, na busca de normação legítima e legal. Não sem razão, os romanos descobriram a força do Direito para o domínio dos povos. Caracala, ao estender, por medida de justiça, a cidadania romana a todo o Império em 212 d.C., retardou a queda desse império em 250 anos, apesar de já carcomido intestinamente em lutas pelo poder. O Direito de hoje não pode nem deve ser diferente da elegante definição de Celso, que o queria como a arte — e é uma "arte-ciência" — do bom e do justo.

Nenhuma teoria formal pode ser mais forte do que os fatos. Nem as idéias podem, salvo na visão hegeliana, sobreviver dissociadas da realidade. Principalmente em matéria tributária, posto que nem sempre a carga mais elevada representa a maior arrecadação, como Arthur Lafer demonstrou na sua célebre curva.

O tributo é norma de rejeição social. Assim deve ser estudado pela Economia, Finanças Públicas e Direito, ofertando os especialistas dessas áreas o modelo ideal para o político, a fim de que a norma indesejável tenha sua carga de rejeição reduzida à menor expressão possível.

Qualquer estudo fora dessa percepção fenomênica corre o risco de ter o destino de Ícaro, que não deveria voar nem muito perto do sol nem muito perto da terra, para que suas asas não batessem nas árvores ou para que a cera das penas não fosse derretida pelo calor do astro-rei.

No sistema que idealizei, portanto, a carga excessiva deveria ser reduzida para atender apenas às reais necessidades do Estado prestador de serviços públicos, com nítidos controles para evitar desperdícios de recursos, de forma que seu peso "justo" fosse suportável para a sociedade, que, por outro lado, com os recursos que gera, está em melhores condições de promover mais desenvolvimento e mais empregos.

Em outras palavras, se o servidor público for "servidor" e não "servido pela sociedade", a máquina administrativa poderá ser enxuta, com custos operacionais menores e carga tributária menos sufocante, tornando o tributo não uma norma de rejeição social, mas de aceitação social.

Para mim, se o Estado prestasse os serviços públicos necessários, sem que o cidadão fosse obrigado a se autoprestar esses serviços, a carga tributária ideal não poderia ultrapassar 30% do PIB, que deveria ser o limite constitucional, em qualquer país, da mesma forma que, na União Européia, para manutenção do Euro, o déficit público — no seu conceito nominal —, dos países que adotaram a moeda, não pode ser superior a 3% do PIB.

No Estado ideal, a política tributária objetivaria, claramente, gerar empregos e desenvolvimento, e ser justa, com o que a arrecadação necessária para manutenção do Estado prestador de serviços e desenvolvimento seria uma decorrência natural.

E, para isso, o sistema tributário teria que ser simplificado, não devendo contar com mais do que quatro impostos, a saber: sobre a renda, circulação de bens e serviços, patrimônio imobiliário e regulatório do comércio exterior. As contribuições sociais, por sua vez, deveriam permanecer vinculadas à seguridade, e as taxas deveriam ter natureza apenas remuneratória de prestação de serviços públicos.

Tudo o mais apenas complica a vida dos contribuintes, exige multiplicação de funções e servidores, onera excessivamente a administração pública e privada dos tributos e termina por multiplicar os conflitos entre contribuinte e Fisco.

Enquanto não se procurar atingir a tributação justa, mas apenas aquela que possibilite sustentar os detentores do poder, o tributo continuará a ser mera norma de rejeição social, injusta, e a sociedade continuará a pagar uma conta desmedida, acima do necessário para obter os serviços essenciais que o Estado lhe deve prestar.

8.4 A REFORMA POLÍTICA

Fala-se que a democracia é a forma de governo que assegura o direito do povo de escolher seus dirigentes. Com as limitações de um elitismo, que permitia apenas a seus "cidadãos" a escolha de seus governantes — e o grosso da população era de escravos ou de pessoas sem direito à cidadania —, os gregos de Atenas já viveram uma plena democracia, após ditaduras bem-sucedidas, como a do Pisístrato. A escolha, entretanto, era feita por um pequeno número de cidadãos.

Ainda hoje, a Índia, apesar da instabilidade de governos, por força das profundas divergências religiosas e culturais de seu povo, tem instituições firmes por força do parlamentarismo herdado dos ingleses. O país vive, entretanto, uma democracia elitista, com uma parte da população — quase 10% — sendo considerada "intocável" (o mero toque contamina o seu autor), não tendo direitos reconhecidos e vivendo à margem da sociedade. Representa, de rigor, quase mão-de-obra escrava.

Há mais crueldade no regime democrático da Índia do século XXI do que na Atenas dos tempos de Aristóteles, que chegou a formular teoria pela qual a democracia (governo do povo, em seu próprio interesse) não seria a melhor forma de governo, mas a melhor das piores formas de governo, superior, apenas, às oligarquias (poucos maus dirigentes) ou à tirania (um único mau dirigente comandando o povo). Colocava a *politia* (governo do povo em prol da pátria) acima da democracia, mas abaixo da aristocracia (governo de poucos bons dirigentes), e considerava a monarquia a melhor das formas (um só bom dirigente comandando o povo).

Entre *polis* (cidade) e *demos* (povo), entendia ser a *politia* (governo para a cidade) superior à democracia (governo para o povo).

Trago tais considerações perfunctórias para esclarecer que, hoje, a democracia não responde aos interesses nem da cidade, Estado ou Nação, nem do povo, mas, exclusivamente, dos detentores do poder.

Por essa razão, a volta a raciocínios de que há necessidade de mecanismos para que o povo controle os governos é o primeiro passo a fim de que um regime democrático se fortaleça.

Luigi Ferrajoli, em *A Soberania no Mundo Moderno*, submete a democracia ao império da lei e do Direito, mas esclarece que a subordinação a tal hierarquia depende de governos, povo e Estado (povo, poder e território) estarem no tempo subordinados a uma lei superior que é a Constituição. Para ele, o Estado Democrático de Direito é, necessariamente, um Estado Constitucional de Direito, com a Constituição conformada por representantes livremente escolhidos pelo povo e não impostos à sociedade.

Sua formulação, todavia, não resiste a uma constatação que Hart, em *The Concept of Law*, oferta, qual seja, a de que, embora nos Estados Democráticos de Direito subordinem-se governantes e governados à lei, por serem as leis produzidas pelos governantes, são eles próprios mais beneficiados por elas do que os governados, lembrando eu a velha e atualíssima constatação de George Orwell, em *A Revolução dos Bichos*, de que todos são iguais perante a lei, mas alguns são mais iguais do que outros.

Em um Estado Democrático de Direito, concebo apenas uma solução possível, que é o regime parlamentar de governo — entre as instabilidades do Presidencialismo e a estabilidade do Parlamentarismo, apesar de suas deficiências, prefiro este sistema àquele —, visto que é o único sistema de responsabilidade, embora a prazo incerto. Seus mecanismos de controle (o Parlamento controlando o Executivo e podendo demiti-lo, enquanto governo; o chefe de Estado controlando o Parlamento e podendo dissolvê-lo, convocando novas eleições se mais instável que o Executivo; e o povo podendo controlar o chefe de Governo, o chefe de Estado e o Parlamento, por meio de eleições mais freqüentes, sempre que necessárias) fazem de um regime de mútuos freios, em que o Poder efetivamente controla o poder, solução mais eficiente do que a tripartida de Montesquieu, formulada a partir das lições de John Locke, de separação entre um poder técnico (Judiciário) e dois políticos (Legislativo e Executivo).

À evidência, em regime em que a chefia de governo sairia de um colegiado eleito pelo povo (é imprescindível o voto distrital puro ou misto nas eleições para o Parlamento) que votaria em líderes que conhece, sabe onde vivem e poderia cobrar sua representação, os controles seriam mais nítidos, e o papel dos marqueteiros, "vendedores de ilusões", muito menos deletério, uma vez que ficaria consideravelmente reduzida sua capacidade de manipulação popular.

No Parlamentarismo, portanto, prevaleceria sempre a responsabilidade a prazo incerto, já que o irresponsável resistiria pouco e terminaria por ser derrubado se não tivesse o respaldo do povo e do Congresso.

Para isso, haveria necessidade de autonomia do Banco Central e de uma burocracia profissionalizada, que, nas crises políticas, administraria a economia, de um lado, e a administração pública de outro, que não seriam afetadas.

Indiscutivelmente, tal sistema seria superior ao Presidencialismo, que é o governo da irresponsabilidade a prazo certo, visto que nele se elege um governante com poder capaz de nomear quem bem entender para com ele governar, por prazo certo, sendo raramente destituído antes do prazo (por *impeachment*, que é processo traumático) e que pode causar sérios danos à nação quando atua de forma inescrupulosa, manipulando a opinião pública.

Thatcher permaneceu, graças ao Parlamentarismo, 11 anos à frente do governo da Inglaterra, e só foi derrotada por pretender elevar tributos, vale dizer, ficou governando a Inglaterra mais tempo do que qualquer presidente norte-americano pós-Roosevelt ou qualquer presidente brasileiro. E não se pode dizer que o regime inglês não seja democrático.

8.5 O PODER JUDICIÁRIO

É o Poder Judiciário, na maior parte dos países, um poder técnico. Sua função é manter a ordem jurídica e as instituições, de um lado, e fazer justiça, de outro, compondo conflitos entre os cidadãos, entre estes e o Estado e entre os detentores do Poder.

Não é um poder político, porque, se o fosse, não faria justiça, mas apenas atenderia aos reclamos dos detentores do poder. Tem, pois, que ficar distante dos demais poderes, sendo, por excelência, o poder que controla os demais, no denominado Estado Constitucional Democrático de Direito.

Sempre que o Poder Judiciário não atende aos interesses dos governantes, procuram estes, entretanto, formas de coagi-lo, inibi-lo e controlá-lo. Uma democracia vale o que vale o seu Judiciário, quanto mais independente for, tanto mais sólido será o regime democrático.

À evidência, quem detém o poder deseja controlá-lo em todos os aspectos, dimensões, espaços geográficos e populacionais, nunca vendo com bons olhos as amarras colocadas para inibir sua ação.

O Poder Judiciário, quando independente, tem esta missão fundamental de garantir os cidadãos contra o Estado, o Estado contra os abusos dos cidadãos, o Estado contra seus próprios dirigentes e o Estado nas relações com outras pessoas jurídicas de direito público, além de fazer justiça e levar estabilidade nas relações entre os próprios cidadãos.

No Estado que idealizo, o Poder Judiciário seria dividido entre três segmentos, atuando como administrador de Justiça, assegurador da Ordem Constitucional e responsabilizador da Administração Pública.

A inovação que me parece adequada — e que defendo há décadas — é o Poder Responsabilizador, com a função de controlar quem potencialmente possa infligir danos à coisa pública.

E o Poder Responsabilizador seria autônomo?

Sim. Para mim seria a transformação das Cortes de Contas em órgãos do Poder Judiciário e não, como ocorre com os Tribunais de Contas, no mundo inteiro, como um órgão acólito, vicário do Poder Legislativo, o que o torna, simultaneamente, uma Corte mais política do que técnica, dependendo sempre dos legislativos para que seus pareceres ou decisões ganhem eficácia.

Há diversas formas de controle das despesas públicas, entre elas pelo menos três sistemas compõem, desde o século XXI, o modelo para o exercício das funções destes órgãos examinadores das contas do Estado.

São, a saber: o controle prévio, o controle exercido durante a gestão do orçamento, o controle posterior das despesas para verificar a sua compatibilidade com os orçamentos aprovados pelo Parlamento.

Ora, no sistema que idealizo, as Cortes de Contas seriam o Poder Responsabilizador dos demais, tendo composição e estrutura semelhante às do Poder Judiciário, inclusive o ingresso de seus membros nos quadros julgadores.

Dessa forma, suas decisões não ficariam sujeitas ao humores da política ou dos detentores do poder, mas, exclusivamente, a critérios técnicos, pelos quais tais contas poderiam ou não ser aprovadas e as responsabilidades das autoridades envolvidas apuradas e executadas pelo próprio Tribunal.

A par do Poder Responsabilizador, o Judiciário teria a função de Corte Constitucional, com órgãos de derivação, isto é, com tribunais inferiores ou juízes monocráticos para examinar a constitucionalidade das leis, nas Federações, cabendo aos juizados de primeira instância a função de decidir quanto a não-aplicação de uma lei por vício de constitucionalidade e à Corte Constitucional Suprema declarar a constitucionalidade ou não de uma lei em controle concentrado, mesmo que se tratasse de lei municipal.

Manteria, pois, o Poder Constitucional, permanentemente as instituições governamentais nos termos da lei suprema, sendo o órgão, por excelência, no Poder Judiciário, de garantir a ordem e as instituições, em nível de decisão *erga omnes* (para todos).

Ao Poder Judiciário Responsabilizador e ao Poder Judiciário mantenedor das instituições e ordem jurídica (Corte Constitucional), acrescentaria o Poder Judiciário, por excelência, que é o Administrador da Justiça.

Seria essa terceira função do Poder Judiciário a mais relevante, visto que destinada a equacionar os problemas entre as partes no âmbito do direito privado ou público, valendo suas decisões exclusivamente entre os litigantes, podendo, todavia, servir de sinalização para casos semelhantes (precedentes).

Poderia tal segmento do Poder Judiciário, sempre que entendesse valer a pena estender a solução do caso concreto para todos os casos semelhantes, sumular a decisão e — se a Constituição o permitisse — tornar obrigatória a adoção dessa exegese para todos os casos idênticos ou parecidos, com o que se daria agilidade e segurança jurídica.

8.6 A REFORMA ECONÔMICA E SOCIAL

Tenho procurado demonstrar, nesta perfunctória análise da sociedade e do Poder Público, nos começos do século XXI, que as grandes ideologias econômicas e sociais do passado faliram. A única realidade passada e presente é que o homem, que deseja o poder, quando o obtém, exerce-o até os limites em que encontra obstáculos de outros aspirantes. A sociedade é apenas campo de manipulação, a que serve quando possível ou necessário para alcançar os objetivos políticos colimados, servindo o Direito Constitucional, nos regimes democráticos, como a tênue proteção ao povo contra excessivas arbitrariedades, uma vez que certa dose de arbitrariedade — eufemisticamente, muitos administrativistas vêem, no termo, apenas uma "lata discricionariedade" — existe em todos os regimes democráticos.

De rigor, caberia ao Estado cuidar de atividades essenciais no campo social, com educação, saúde, assistência social e previdência. A meu ver, em qualquer reforma do Estado, tais obrigações sociais públicas deveriam ter receita tributária vinculada, sendo crime de responsabilidade sua destinação para outras finalidades que não aquelas.

Forças armadas, segurança pública e Poder Judiciário seriam outros Poderes com receita tributária assegurada e vinculada para evitar desvios.

As demais estruturas e serviços do Estado seriam mantidas por receitas de impostos sem vinculação direta, mas apenas orçamentária.

Um limite de imposição vinculado ao PIB seria outra determinação fundamental para que a economia pudesse deslanchar, conformando responsabilidade maior aos governantes.

As ideologias fundamentalmente em confronto no século XX foram as do "socialismo-marxista" e a do "capitalismo-liberal", a primeira, pretendendo manter em mãos do Estado o controle de todos os meios de produção para que não houvesse desperdícios e a economia fluísse nos moldes das necessidades da sociedade.

A segunda pretendia que o Estado fosse um mero regulador do mercado e que a economia fluísse exclusivamente de acordo com os interesses privados, sendo o livre comércio, nacional e internacional, a consagração de um regime de liberdade de agir ou escolher, na expressão de Milton Friedmann.

O tempo demonstrou — já se percebia isso, nos começos do século XX — que, sem um controle real dos meios de produção, o abuso do poder econômico termina por invalidar a livre concorrência e que, sem assegurar o direito do consumidor, este fica sujeito à maior força dos setores produtivos. Por outro lado, no plano internacional, verificou-se que, entre nações, não há livre comércio, visto que as nações desenvolvidas curvam-se aos *lobbies* de seus setores menos competitivos e tornam-se, nessa matéria, protecionistas; mas impõem às nações mais fracas a livre concorrência nos setores em que seus produtos são francamente competitivos e superiores.

Os fracassos das inúmeras reuniões da OMC e dos países desenvolvidos e emergentes em obter solução para esse impasse, nos últimos anos, estão a demonstrar que, efetivamente, a globalização da economia é apenas um *slogan* a ser manipulado pelos mais fortes contra os mais fracos, ao sabor de seus interesses exclusivos.

Por outro lado, a falência da economia de Estado restou evidente em todos os espaços em que foi implantada, ao ponto de o país que ainda é politicamente socialista, para conseguir desenvolver-se, necessitou conjugar o socialismo político com regimes capitalistas no setor econômico e, graças a este, está progredindo e aumentando em 10% anuais o seu PIB. Falo da China.

Tanto um quanto outro mito econômico faliram, razão pela qual sua substituição se impõe, não mais por ideologias, mas por meio de pressões e contrapressões de nações produtoras com mercados em contratação e nações subdesenvolvidas com mercados potenciais e crescentes, que são fundamentais para que haja desenvolvimento econômico.

Sem desenvolvimento econômico, todavia, não há ordem social justa. Não se pode atender ao contingente crescente de cidadãos das nações emergentes, que vivem no patamar da miséria, sem recursos. E não há recursos sem que as economias se desenvolvam, gerando empregos e minorando os problemas novos.

Estou convencido de que a solução para o desenvolvimento econômico e redução dos problemas passa necessariamente pela redução do tamanho do Estado, vinculação de receitas às áreas sociais essenciais, geração de empregos por uma política de desenvolvimento empresarial e pressão dos governos dos países emergentes — se possível em bloco —, oferecendo o potencial de seus mercados crescentes contra a manutenção de privilégios (como os agronegócios) pelas nações desenvolvidas, única forma de terem chances de expansão. O certo é que não as ideologias, mas apenas as pressões e a habilidade em exercê-las é que tornarão o mundo economicamente mais desenvolvido e socialmente mais justo.

Capítulo 9

UMA SOCIEDADE IDEAL

9.1 Maior liberdade econômica

Discute-se, ultimamente, se a teoria das vantagens comparativas, em vez de fortalecer a economia de mercado, não terminaria por enfraquecê-la. O argumento é que, nos países mais desenvolvidos, a produção e a mão-de-obra mais caras podem levar os capitais a produzirem mais barato em outros países. Para evitarem que isso aconteça, as nações desenvolvidas fecham seus mercados e, ao fazê-lo, as nações emergentes com vantagens comparativas perdem duas vezes, perdem os mercados dos países desenvolvidos, e não conseguem amealhar riqueza e divisas para desenvolverem seus próprios países, gerando uma incapacidade em obter recursos para adquirir produtos dos países desenvolvidos.

A tese desenvolvida por Charles Schumer e Paulo Craig Roberts, em artigo publicado em 6 de janeiro de 2004 no *New York Times*, sob o título "Reconsiderações sobre o livre comércio", faz clara revisão conceitual da liberdade de mercado e da livre concorrência.

O certo é que uma sociedade ideal do ponto de vista econômico deveria valorizar as vantagens comparativas, à luz de uma dimensão social, de um lado, e universal, de outro.

O que pretendo dizer com tal formulação é que, em uma economia globalizada, o certo seria produzir onde fosse possível fazê-lo mais barato, para fornecer o que o mundo necessita a preços acessíveis, sem, todavia, perder a dimensão de que, se os denominados "nichos de mercado", peculiares às nações em desenvolvimento, fossem pequenos, haveria que garantir pelo menos um "mínimo de reciprocidade econômica", para que não fossem sufocadas pela maior competitividade das nações mais desenvolvidas.

Em outras palavras, a necessidade de valorizar a vantagem comparativa dos nichos de mercado das nações emergentes não implicaria recíproca idêntica e imediata para as nações desenvolvidas, que só poderiam fazer uso de sua vantagem comparativa maior em variados segmentos — que são a maioria — sempre que houvesse paridade e reciprocidade nas relações de comércio exterior. Em não o havendo, o tratamento seria diferenciado.

Dessa forma, a tese de Schumer e Roberts, examinada com estranheza por Michael Kinsley, em artigo para *O Estado de S. Paulo*, de 14 de janeiro de 2004, não deveria ter a contrapartida de fechamento de mercados desenvolvidos, mas de abertura para o equilíbrio das relações entre as nações.

Em termos diversos, sempre que o custo operacional menor levasse à fabricação de produtos ou prestação de serviços tradicionalmente realizados pelos países desenvolvidos para os países emergentes, não caberia àqueles o fechamento de seus mercados, mas a abertura, até o limite de reciprocidade estabelecido com base na balança comercial relativa ao país emergente receptor da produção ou serviços, com o que, além dos "nichos" tradicionais de competitividade, como o da agropecuária, teriam estes países condições concorrenciais em outras áreas, em que o custo laboral e de suporte governamental é superior.

Só assim, a meu ver, a livre concorrência, o livre comércio e a globalização da economia poderiam funcionar, uma vez que não há possibilidade de crescimento de toda a economia se todos os países não crescerem juntos e apenas alguns países se desenvolverem à custa dos outros.

É que o profundo desnível nas relações entre as nações pode gerar o aprofundamento da crise social naquelas de mercados cada vez maiores, em potencial, e cada vez menores, na realidade, à falta de recursos gerados, na própria economia, para seu desenvolvimento.

O grande problema dos países desenvolvidos é enfrentar os *lobbies* dos setores menos competitivos, de um lado, e o custo operacional dos setores em que a mão-de-obra é mais bem remunerada, que correrão o risco de perda de empregos. Isso teria que ser compensado por políticas internas desenvolvidas em setores nos quais não há possibilidade de transferência de produção, tecnologia ou nível de prestação de serviços para outras nações. O problema será crucial na absorção dos dez novos países da União Européia.

O certo é que a teoria da vantagem comparativa para permitir que o mundo globalizado cresça por igual depende, fundamentalmente, de os países desenvolvidos deixarem de ser protecionistas onde não são competitivos e de fazerem valer o livre comércio onde o são, para que políticas mais inteligentes e de maior consistência permitam o crescimento global, com tais apoios às nações menos desenvolvidas.

Esse é o caminho para a solução de conflitos, já indicado por Sócrates a Cálicles, no diálogo de *Górgias*, de Platão, quando a personagem falava no Estado capaz de suprir a "fraqueza do fraco" perante o "forte", pela aplicação de lei social para fazer o "fraco mais forte" e o "forte mais forte", por ampliar o campo onde pode exercer a sua "fortaleza".

A globalização da economia só ocorrerá efetivamente se houver a globalização do crescimento, pois só o crescimento global, ofertando oportunidades a todos, é capaz de gerar a paz social e o desenvolvimento das nações.

9.2 A política tributária

A única política tributária possível é aquela capaz de gerar desenvolvimento econômico, empregos e fazer justiça social. A política tributária de fins meramente arrecadatórios jamais foi capaz de preencher tais finalidades. Normalmente, gera o que já demonstrei em capítulo anterior: a rejeição social aos tributos, os planejamentos sofisticados, a inadimplência, a sonegação, a corrupção e a concussão.

Os tributos, no mundo todo, têm sua finalidade deturpada, servindo, em primeiro lugar, para sustentar os governantes e mantê-los no poder. Eles defendem, principalmente, seus interesses imediatos e, sobrando tempo e recursos, os interesses da sociedade.

Na Idade Média, os escravos da gleba não eram senão os "cidadãos" da época, escorchados por uma tributação irracional, destinada a sustentar os párias governantes enquistados em seus feudos, castelos e privilégios da nobreza.

Os senhores feudais da atualidade são os governantes e o povo, os escravos da gleba do século XXI. A única diferença é que estes acreditam que há democracia na "vampiragem tributária", por força do marketing político, enquanto aqueles não podiam acreditar em nada, por não existir na Idade Média o "verniz" democrático dos tempos modernos.

Gustavo Miguez de Mello, em estudo para o Congresso Interamericano de Direito Tributário, com inteligência e citando os diversos temas e os diversos autores que se dedicaram ao estudo da matéria, explicita os fundamentos ideais para uma política tributária adequada, em quadro que se segue. Apesar de estudo de 1979, considero ainda um dos melhores sobre a verdadeira finalidade de uma política tributária adequada.

Como se percebe, a arrecadação não é o principal objetivo de uma adequada política tributária, mas mera decorrência. Em outras palavras, sempre que a política tributária for adequada, objetivando permitir o progresso da sociedade, termina por gerar mais desenvolvimento, mais justiça social e maior arrecadação.

O grande problema é que as autoridades são imediatistas e pouco conhecedoras de política tributária. Podem conhecer bem as técnicas de imposição, as sanções aplicáveis aos inadimplentes ou sonegadores, mas desconhecem os objetivos maiores da tributação que é pedir a participação da sociedade no colaborar com o Estado prestador de serviços, sem que seja afetada a capacidade de produção da sociedade e aquela de se autodesenvolver.

De rigor, um sistema correto deveria partir sempre de um número limitado de impostos sobre os três fatos geradores clássicos (renda, patrimônio e circulação de bens e serviços), assim como a remuneração, por taxas, de serviços públicos não cobertos pelos impostos necessários a manter o Estado prestador de serviços. E as contribuições deveriam ser sociais, de intervenção, de melhoria e no interesse das categorias relacionadas a políticas específicas de caráter e perfil superior. A contraprestação à mera prestação de serviços públicos cobertos caberia às taxas.

Por tal sistema, jamais se deveria, primeiro, planejar as despesas para depois verificar de que forma se pode retirar recursos da sociedade. Em boa regra de planejamento, deve-se, em primeiro lugar, detectar a capacidade contributiva da sociedade — que

"As finalidades da cobrança de tributos

Especificação das Finalidades	*Autores e Comissões*
JUSTIÇA FISCAL	Ruy Barbosa, Constituição Federal do Brasil de 1946 (x), Royal Commission on Taxation (Canadá), Joseph Pechman, Fuentes Quintana, J. M. Sidou.
ALOCAÇÃO DE RECURSOS	Joseph Pechman, John Due, Richard e Peggy Musgrave, Manuel Lagares Calvo, Carl Shoup, Fuentes Quintana, Walter Heller, Victor Urquidi.
DESENVOLVIMENTO ECONÔMICO	Royal Commission on Taxation, Joseph Pechman, John Due, Richard e Peggy Musgrave, Manuel Lagares Calvo, Carl Shoup, Walter Heller.
(estabilização interna I) PLENO EMPREGO	Royal Commission on Taxation, Joseph Pechman, John Due, Richard Musgrave, Manuel Lagares Calvo, Carl Shoup, Fuentes Quintana, Walter Heller, Victor Urquidi.
(estabilização interna II) COMBATE/INFLAÇÃO	Royal Commission on Taxation, Joseph Pechman, Richard e Peggy Musgrave, Manuel Lagares Calvo, Carl Shoup, Fuentes Quintana, Walter Heller, Victor Urquidi.
(estabilização externa) EQUILÍBRIO/BALANÇO DE PAGAMENTOS INTERNACIONAIS	Royal Commission on Taxation, Joseph Pechman, Richard e Peggy Musgrave, Manuel Lagares Calvo, Carl Shoup, Fuentes Quintana, Walter Heller, Victor Urquidi.
FINALIDADE SOCIAL	John Due, Richard e Peggy Musgrave, Manuel Lagares Calvo, Carl Shoup, J. M. Sidou, Richard Musgrave e Malcom Gillis, Walter Heller.
COORDENAÇÃO FISCAL INTERGOVERNAMENTAL	Carl Shoup
FINALIDADE POLÍTICA	Royal Commission on Taxation, J. M. Sidou, Walter Heller.
FINALIDADE JURÍDICA	Royal Commission on Taxation.
FINALIDADE ADMINISTRATIVA	Richard Musgrave e Malcom Gillis, Royal Commission on Taxation.

OBSERVAÇÕES (x) referência feita à adoção expressa. Aplicação da Constituição de 1946 de maneira alguma atendia à finalidade referente à justiça fiscal" (Temas para uma nova estrutura tributária no Brasil, 1º Congresso Brasileiro de Direito Financeiro, 27 a 31 de agosto de 1979, Ed. Mapa Fiscal, p. 20).

não pode ser exaurida por excesso de tributação — para só depois dimensionarem-se as despesas públicas necessárias a fim de garantir a manutenção da Administração e fazer com que o Estado preste os serviços essenciais à sociedade.

A boa regra do planejamento estatal, à evidência, passa a distância da maior parte das administrações tributárias e dos governos que se interessam apenas em detectar as áreas em que podem retirar cada vez mais recursos da sociedade, visto que se dedicam, primeiro, a projetar as despesas para depois obter os recursos necessários a atendê-las — muitas dessas despesas sendo ilegítimas por dizerem respeito a privilégios de vencimentos e de aposentadoria de políticos e burocratas enquistados no poder.

Convenço-me de que a única política tributária adequada para um controle ideal passa, necessariamente, por um redimensionamento do tamanho das instituições estatais, dos privilégios dos detentores do poder, da redução da máquina administrativa e de uma política tributária que consiga permitir o crescimento da sociedade, com tributos adequados e alíquotas modestas, capazes de gerar, por decorrência, arrecadação maior do que a atual.

9.3 O desemprego

Questões como níveis diversos de remuneração pelo trabalho; desnível de riqueza entre nações, povos e regiões; a tecnologia crescente, que termina por automatizar quase todas as funções necessárias para atendimento das necessidades humanas; a incapacidade material do mundo de produzir o necessário para todos os seres humanos; e a visão distorcida dos detentores do poder, na história e no globo, que os leva a serem mais beneficiários do trabalho da sociedade que seus servidores transformam-se em problema endêmico, sem solução a curto prazo.

As nações desenvolvidas vêem os países emergentes, sob duas óticas: 1) a do interesse por considerá-los um mercado crescente; 2) a certeza de que seu povo é formado de pessoas inferiores. Interesseira e preconceituosa, tal visão leva, necessariamente, a pouco se importarem com os problemas sociais existentes nessas nações emergentes, desde que tenham assegurada a ampliação de um mercado consumidor para seus produtos dos já habilitados a consumir.

Essa dupla visão imediatista afasta o investimento — único meio capaz de reverter o drama dos emergentes — para redução da pobreza, dos desníveis sociais, da falta de educação, cultura, saúde, saneamento básico nessas regiões, investimento esse que aumentaria consideravelmente o mercado consumidor, proporcionando melhoria de negócios e de oportunidades para as nações desenvolvidas.

Ocorre que tais nações querem o mercado, de um lado, mas não querem a concorrência, de outro, razão pela qual preferem o mercado restrito correspondente à elite consumidora desses países à possibilidade de um crescimento que poderia implicar competitividade e concorrência, algo que decididamente não desejam.

E a prova inequívoca está em que lutam aeticamente pela manutenção de seus privilégios e políticas protecionistas em que não são competitivas, e os países emergentes o são. Mercado, sim. Concorrência, não.

A fragilidade da OMC e os fracassos sucessivos das reuniões globais para a quebra das políticas protecionistas desventram essa melancólica realidade, ao ponto de os Estados Unidos, na política protecionista que adota para os setores de sua economia não-competitivos, ignorarem, olimpicamente, todas as considerações da OMC quanto ao direito à retaliação dos países lesados pela forma ilegal e protecionista dos americanos.

Tenho, pessoalmente, sérias dúvidas de que haveria matéria-prima suficiente para dar condições de vida adequadas à população mundial (mais de 6 bilhões de pessoas), visto que alguns recursos naturais são exauríveis e os renováveis dependeriam para sua produção de vastas extensões de terras (alimentação) ou de explorações cada vez mais onerosas para a criação de bens duráveis ou de múltipla utilização.

Pessoalmente, estou convencido de que — e defendi a tese no primeiro livro de minha primeira trilogia (*O Estado de Direito e o Direito do Estado*, em 1971) — apenas uma política universal de empregos poderia reduzir consideravelmente os desníveis sociais, oferecendo a toda a população mundial condições de vida mais digna.

O problema não reside tanto na redistribuição de riquezas — normalmente os mais ricos são os verdadeiros geradores de emprego, quando não atrapalhados pelas autoridades governamentais — como nos instrumentos que levem à criação de oportunidades e geração de riquezas para os necessitados.

A questão não é fazer todos mais pobres, pelo princípio da igualdade, mas todos mais ricos, mesmo que não se consiga eliminar completamente as desigualdades. Não é tirar de quem pode gerar empregos para consumir em ações imediatas e de mera continuidade do *status quo*, mas estimular quem tem mais a criar condições imediatas de geração de empregos para o crescimento das sociedades.

Para tanto, é necessário que haja, efetivamente, interesse das nações mais ricas em gerar fundos capazes de permitir o crescimento econômico das nações em desenvolvimento, entregando-os não como esmolas — como ocorre com determinadas agências ou agentes de financiamento, como o Banco Interamericano ou Mundial —, mas como um esforço global de fomentar desenvolvimento, o que poderia ocorrer com a destinação de um percentual fixo do orçamento das nações desenvolvidas exclusivamente para criar oportunidades, empresas, ações nos países emergentes.

A idéia de um tributo sobre a movimentação financeira não seria má — e já defendi tal tese, muitos anos atrás, pelas páginas da *Folha de S. Paulo* — se pudesse ser universal. Não o sendo, a adoção poderia ocasionar o surgimento de um fluxo de ativos financeiros direcionado para os países que não aderissem ao respectivo tributo. E a idéia seria inviabilizada.

O que defendo é a criação de uma espécie de Estado Universal gerador de empregos, com estrutura própria, recebendo recursos negociáveis — não singelos, como recebem o Banco Mundial e o FMI — para aplicação no crescimento dessas nações. O PIB mundial, entre US$ 32 trilhões e 35 trilhões, permitiria que as nações que compõem mais de metade dele — Grupo dos 7 — destinassem parcelas para criação de um órgão voltado não à estabilização da moeda (FMI) ou à geração de obras públicas (Banco Mundial), mas para gerar empregos, a que se poderia denominar FSI (Fundo Social Internacional). Essa tese defendi-a no livro editado na Itália (Giovanni Paolo II — *Le Vie della Giustizia* — Itinerari per il terzo millennio — Bardi Editore — Roma Libreria Editrice Vaticana) para os 25 anos de pontificado de João Paulo II, obra coletiva de juristas de todo o mundo, sob a coordenação de Massimo Vari, vice-presidente da Corte de Cassação daquele país.

9.4 Tecnologia

O mundo do século XXI é o mundo da tecnologia e da ciência. O direito começa a ser formatado à luz da evolução tecnológica e dos problemas gerados pelas relações entre as nações e entre os detentores do *know-how*. São problemas que, além de não serem pequenos, restam insolucionados quanto a garantias, patentes, direito de exploração, pirataria etc.

Dizem as nações desenvolvidas — que têm recursos para a exploração tecnológica — que não é justo que invistam sem terem contrapartida na exploração, razão pela qual os segredos que possuem não devem ser disponibilizados senão a preço de *royalties*, muitas vezes inviabilizadores de sua implementação, nas nações mais pobres.

Por outro lado, exercem um controle fantástico no desenvolvimento das nações emergentes, praticando em larga escala a biopirataria, como ocorreu com as riquezas da biodiversidade amazônica, levadas para laboratórios das nações mais desenvolvidas, aproveitando-se, inclusive, da experiência dos indígenas, na cura de doenças com ervas e plantas da região.

Após piratearem — quase sempre sem conhecimento do governo brasileiro ou de outras nações emergentes — desejam que o que roubam das nações emergentes só seja aproveitado mediante pagamento de *royalties*! A tecnologia de aproveitamento da biodiversidade prejudica os países que fornecem as matérias-primas e beneficia os países desenvolvidos, que se apropriaram dos conhecimentos, das práticas e técnicas locais.

No campo da tecnologia nuclear, o drama é maior. As superpotências atômicas querem manter seu privilégio e não admitem novos países no seu clube. Criaram a Comissão para o desarmamento nuclear — só para elas —, submetendo todas as demais nações a rígido controle. Muitas vezes, pretendem que as nações que desenvolvem projetos próprios — como ocorre em relação ao Brasil, que desenvolveu técnica própria e mais econômica de enriquecimento do urânio — revelem seu *know-how*, apesar de jamais revelarem os que desenvolveram para a construção de seus artefatos nucleares, infelizmente utilizado pelos norte-americanos contra os japoneses, apesar de estarem em vias de rendição, conforme conta Peter Scowen (*O Livro Negro dos Estados Unidos*), quando foram lançados nas duas cidades símbolos.

Jamais o mundo esquecerá os criminosos atentados contra Hiroshima e Nagasaki, em que milhares e milhares de civis foram mortos apenas para contentar os falcões americanos. Os mais de 10 mil civis iraquianos mortos em 2003 e 2004 parecem mostrar que não alteraram o comportamento.

Estou convencido de que tais segredos, com o tempo, se transformarão em segredos de Polichinelo, pois — como já escrevi em *Uma Visão do Mundo Contemporâneo*, de 1996, prevendo até algo semelhante ao que ocorreu no trágico episódio do World Trade Center — essa tecnologia é hoje conquistada por esforço próprio ou de "rapinagem", por nações e grupos marginais poderosos, como o dos narcotraficantes.

Parece-me cada vez mais necessário, para o avanço tecnológico do mundo, uma solidariedade do Estado Universal. A Internet e a era cibernética têm multiplicado os gênios dos computadores, e a juventude atual domina, em progressão geométrica, as técnicas de acesso, legais ou ilegais, aos segredos mais fechados do Estado.

A defesa de uma solidariedade tecnológica universal objetiva que todas as nações possam usufruir de avanços tendentes a facilitar a vida dos homens na Terra — que ainda é o único planeta que há para habitar —, com integração supervisionada que se transformou em algo mais fácil do que a técnica oposta de as nações lutarem entre si para conquistar e desenvolver a tecnologia, muitas vezes ingressando no campo da pirataria para obtê-la.

A questão não é utópica, mas de interesse geral. Hoje, o capital é universal. Os investimentos procuram sempre nas nações que oferecem melhores condições tributárias, de mercado, mão-de-obra e estabilidade jurídica — como acentuou o Prêmio Nobel Ronald Coase. E, à evidência, uma partilha supervisionada termina por multiplicar de tal forma os mercados e o avanço tecnológico da humanidade, em que as nações desenvolvidas — com mercado decrescente — seriam as maiores beneficiárias, porque mais ricas.

O certo é que cada vez mais as descobertas na área são limitadas, o direito é insuficiente para conter abusos e a pirataria, e as nações são coniventes, muitas vezes, ao fazerem vistas grossas a procedimentos aéticos.

A universalização do conhecimento tecnológico — estou convencido — é a única forma de crescimento das nações, beneficiando-se do crescimento por ela propiciado muito mais as nações mais ricas do que as mais pobres. Estas, entretanto, estarão condenadas a uma pobreza muito maior se a universalização não ocorrer.

9.5 MAIOR EDUCAÇÃO

Nenhum país pode crescer, se sua população não for educada. O maior investimento que uma nação pode fazer é na educação de seu povo.

O Japão era uma das economias mais atrasadas do mundo em meados do século XIX. Um plano de habilitação para jovens estudarem no exterior, aliado à disciplina do povo japonês, levou a que o país se transformasse, em um século, em uma das nações mais poderosas do mundo, sendo hoje o segundo PIB mundial, perdendo apenas para os Estados Unidos.

Não há desenvolvimento consistente se o povo não estiver habilitado, se a mão-de-obra não for qualificada, se as instituições de ensino, principalmente universitárias, não estiverem no nível das nações mais desenvolvidas.

À evidência, a necessidade de educação pressupõe a liberdade de ensino. Não se pode admitir, como ocorre com Cuba, que a Internet seja proibida, para que o povo não tenha acesso ou conhecimento do que acontece no mundo no campo da cultura, liberdade de informação e evolução tecnológica, pois à sua ditadura não interessa oposições, que fatalmente o acesso a esses meios propiciaria.

Dir-se-á que os recursos do mundo são diferentes e que as nações desenvolvidas podem investir na educação paga, pois têm recursos e as nações emergentes não, visto que seus escassos recursos devem ser investidos em áreas mais carentes, como saúde, alimentação e habitação.

Tal lógica perversa leva necessariamente a condenação *ad perpetuam* das nações emergentes em situação mais crítica a jamais se libertarem do jugo da pobreza.

Os órgãos internacionais, responsáveis pelo desenvolvimento econômico e de áreas referentes à alimentação e projetos sociais, apresentam recursos insuficientes, à falta de interesse maior das nações desenvolvidas.

É que elas mesmas enfrentam, em suas áreas de atuação, déficits permanentes, ao ponto de a moeda "euro" ter sido instituída para mais de uma dezena de países, desde que não tivessem déficit público no conceito nominal superior a 3%.

Em outras palavras, o esforço mundial para que as nações se habilitem, sobretudo as emergentes, depende fundamentalmente das políticas internas e externas de aplicação dos recursos, quase sempre destinados mais aos detentores do poder que à sociedade carente.

Com suficientes recursos externos e inadequadas políticas internas, os países emergentes vivem uma crise na educação que se reflete na menor capacitação competitiva de seus habitantes, no mundo moderno.

Voltando, pois, a minha tese de Estado ideal, convenço-me de mais em mais que o esforço para educação deve ser universal, à luz de uma destinação maior de disponibilidades para os países menos desenvolvidos.

Não há, todavia, possibilidade de se obter tais recursos pelos caminhos tradicionais de dotações anuais feitas pelos países mais desenvolvidos para fundos administrados, direta ou indiretamente, pela ONU. Até porque muitos países nem sequer cumprem suas cotas de pagamento anuais.

A idéia de um sistema novo seria — à semelhança dos recursos mundiais para as questões de desemprego e sociais — aproveitar-se da parcela de um tributo universal sobre a movimentação de ativos financeiros incidente em todas as operações, mesmo nos paraísos fiscais. O tributo seria destinado às questões sociais, principalmente de desemprego, saúde e educação, e pressuporia o apoio de todas as nações e sanções de natureza econômica àquelas que não apoiassem, na esperança de se tornarem as naturais recepiendárias dos investimentos que quisessem fugir da tributação.

Uma tributação branda, de, por exemplo, 0,01% sobre a movimentação de ativos de 100 trilhões, pressuporia, em hipótese modestíssima, movimentação igual a 15 vezes o PIB mundial por ano (35 trilhões de dólares x 15 = 525 trilhões de dólares), implicando uma disponibilidade de 525 bilhões de dólares anuais para educação e áreas sociais dos países emergentes, o que seria importância razoável para implantação de programas sociais e educacionais.

O Estado Universal é um caminho irreversível, respeitadas as peculiaridades culturais de cada povo e as realidades próprias de cada nação.

A União Européia — a mais avançada integração de países —, o Mercosul, o Nafta, o Pacto Andino e os pactos asiáticos e africanos sinalizam, em passos seguros, para a universalização política, econômica, social e educacional no mundo. Aquilo que defendi em 1977, ou seja, a criação de um Estado Universal, hoje está menos distante que na época em que o Mercado Comum Europeu tinha dimensões modestas.

Ora, acelerar esse processo integrativo por meio de um tributo único, mas universal, seria dar oportunidades que as nações emergentes nunca teriam e reduzir o desnível técnico e educacional entre países desenvolvidos e subdesenvolvidos.

A idéia do Embaixador Law da Índia, de uma "Universidade Mundial", formulada em 1970, para formar especialistas em integração mundial, não me parece, hoje, tão utópica quanto era no passado, estando certo de que — de uma forma ou de outra — estamos a caminho de um mundo diferente e francamente de integração de povos e nações.

9.6 Uma sociedade de valores

Até o presente cuidei das questões econômicas, sociais e políticas para um Estado ideal.

O Estado, todavia, é a própria sociedade e esta, nele, teoricamente, deveria ser representada pelos governos. Em outras palavras, o Estado é formado pelo território, pelo povo e pelo poder. Sem um dos três elementos, não há Estado.

Ora, a melhor estrutura, o melhor sistema, a melhor técnica de administração pública, a melhor *performance* econômica, política e social nada representam se a sociedade não cultivar valores.

Uma sociedade sem valores ou que neles não deposite sua confiança maior é uma sociedade sem horizontes, infeliz, repleta de conflitos e em permanente deterioração, mesmo que aparente força e crescimento.

A solidariedade universal, que é fundamento sobre o qual me debruço há muitas décadas, está na essência de um Estado Universal futuro, que me parece irreversível. Talvez distante, mas irreversível.

Dir-se-á que o aumento da população e a incapacidade de geração de empregos e de atendimento de parcela substancial das necessidades primárias da humanidade jamais permitirão que isso ocorra.

Entendo que atualmente não está ocorrendo tal integração, porque o mundo está pulverizado em 200 nações com estruturas arcaicas, em permanente conflito, em níveis diversos de desenvolvimento e com proteções nacionalistas que dificultam a solidariedade universal.

Em direito constitucional, fala-se, fundamentalmente, no princípio da subsidiariedade, que, de rigor, só funciona em nível de globalização — não apenas econômica —, mas social e de integração dos povos.

Para que tal ocorra, todavia, há necessidade de se cultivarem valores para que as populações cresçam, entendendo que — até por uma questão de inteligência — é mais útil o cultivo de valores altruístas do que do egoísmo destruidor de pessoas, culturas, amizades e famílias.

E, de rigor, o primeiro grande valor a ser cultivado é a exaltação da família.

Políbio, historiador grego que vivia em Roma, ao falar sobre a decadência do Império Romano, declarou que as mulheres romanas estavam mais interessadas em aproveitar a vida do que, como no passado, cuidar de suas famílias e de seus filhos.

No Brasil, a Constituinte, no artigo 226, reconheceu que a família é a base da sociedade. Não há sociedade forte sem família forte, sem valorização da entidade familiar.

E a família é uma excelente escola de valores. Quando os pais — por mais bem-sucedidos que sejam — percebem que seu valor maior é a própria família, muito mais do que a realização pessoal, terminam por criar condições de convivência, respeito mútuo, generosidade, exemplos, que terminam por formar as gerações.

A família é o primeiro núcleo da sociedade em que a doação é necessária. Os pais que não se doam à formação dos filhos fracassam, e a multiplicação de lares destruídos pelo egoísmo está a demonstrar que, por mais bem-sucedidos que sejam, são, realmente, uns fracassados. Fracassaram no seu objetivo maior, que é criar sua continuidade. Que é criar cidadãos do mundo preparados para a vida.

À evidência, a formação familiar adequada leva os que a cultivem a ter da sociedade, da política, do desenvolvimento, das obrigações sociais uma perspectiva de solidariedade, haurida principalmente nas proles numerosas, em que os membros da família têm que se ajudar mutuamente, para que a vida de cada um possa ser melhor.

Para essas pessoas é mais nítida a dimensão do social, do auxílio ao próximo, reunindo melhores condições de pressionar governos e gerar iniciativas próprias de auxílio às populações carentes, insuficientes, que são as primeiras vítimas de captação de mão-de-obra por criminosos, narcotraficantes ou de outras estirpes de marginais.

Uma sociedade ideal passa pela valorização da família e de seu impacto valorativo na sociedade e governos, única forma de fazer com que se dediquem a pelo menos diminuir os desníveis sociais — não demagogicamente —, mas efetivamente.

E, nesse particular, o homem, destinatário primeiro de todas as ações públicas e privadas, deve ser tratado com respeito ao que tem de mais valioso, que são os direitos próprios e natos, que lhe outorgam uma dignidade, que jamais os cidadãos e os governantes podem retirar.

Jamais haverá um Estado ideal se não houver, primeiro, uma revolução de dentro para fora, do homem para a família, da família para a sociedade, da sociedade para os governos.

Sem homens que cultivem valores, as estruturas são como mares imensos, porém sem peixes. Ou viveiros naturais sem aves. Que os pássaros e os peixes da sociedade dêem vida aos mares e aos viveiros.

Capítulo 10

BRASIL

10.1 As amarras da Federação Brasileira

A Federação Brasileira é maior do que a sociedade. Não cabe dentro do PIB. A estrutura do Estado e as máquinas administrativas de 5,5 mil entidades que a compõem tornam o país pesado demais para o povo.

A carga tributária de 38% é insuficiente para sustentar os detentores do poder, políticos e burocratas, assim como para pagar o alto endividamento do País, ocasionado principalmente por parte do próprio poder público, visto que o endividamento privado só é preocupante no que diz respeito a empréstimos externos avalisados pelo Tesouro.

Na Constituinte de 1987/1988, os *lobbies* dos servidores públicos foram incomensuravelmente maiores do que o dos cidadãos, sem tempo nem recursos para estar em Brasília. Grande também foi a pressão dos políticos para multiplicar o número de entidades federativas (estados e municípios) e de seus departamentos nos três Poderes, assegurando, dessa forma, parcela maior para seu enquistamento no Poder.

Embora constitucionalistas tenham alertado para o risco que tal linha de aprovação na Constituinte provocaria — em *O Estado de S. Paulo,* Celso Bastos, Manoel Gonçalves Ferreira Filho e eu, em 10 de novembro de 1987, participamos de mesa de debates, alertando para os efeitos que infelizmente se realizaram nessa monumental "engorda" da Federação —, o certo é que, em 5 de outubro de 1988, foi aprovada a Constituição, denominada "Cidadã".

O deputado Ulisses Guimarães — homem digno e sério —, que foi presidente da Constituinte e tinha plena consciência dos efeitos que ocorreram, confessou-me, em 1991, que, se fosse novamente nomeado presidente da Revisão Constitucional de 1993, criaria uma Comissão de Juristas para elaborar um pré-projeto a fim de corrigir tais distorções. Essa conversa telefônica ocorreu no próprio dia (23 de janeiro de 1992) em que saía, em *O Estado de S. Paulo*, um artigo meu intitulado "O custo da Federação", tendo ele, tão logo lido o artigo, me telefonado. Disse-me que, se a Constituição fora excelente no que diz respeito à enunciação dos direitos do cidadão e de suas garantias, pecou por excesso de corporativismo e de inchaço da Federação.

Sua morte trágica inviabilizou a Revisão de 1993 — só ele teria carisma suficiente para levar adiante uma real revisão —, e o Brasil continua amarrado, com um Estado maior do que o PIB e os detentores do poder — os grandes beneficiários dessa situação — sem coragem e, o que é pior, sem vontade de alterar o quadro.

Basta dizer que, de 3,9 mil municípios, fomos para 5,5 mil, todos com Câmaras Municipais, remunerando pelo menos 9 vereadores, e com estruturas duplicadas. O mesmo povo passou a ter que sustentar a duplicação das máquinas administrativas, gerando a necessidade de receitas tributárias cada vez mais elevadas. E foram criados três novos pequenos Estados com um estamento que os tornam, de imediato, Estados deficitários.

Por outro lado, servidores e políticos asseguraram-se tantos direitos adquiridos, principalmente no campo previdenciário, que a remuneração média no serviço público passou a ser 15 vezes maior do que no setor privado, bem como a aposentadoria integral ofertou-lhes privilégios que os cidadãos jamais tiveram ou terão.

Como exemplo, é de se lembrar que o déficit público, em 2002, da Previdência, relativa a **3 milhões de servidores públicos** aposentados, foi de quase **52 bilhões** de reais, nas três esferas, enquanto os mais de **20 milhões** de trabalhadores do setor privado geraram um déficit de aproximadamente **17 bilhões**.

Como tais direitos são considerados adquiridos e imutáveis, os detentores do poder, que elaboraram a Constituição em causa própria, defendem agora que não podem perder os privilégios auto-outorgados, porque a Constituição proíbe que tais direitos adquiridos sejam atingidos.

Dessa forma, além das estruturas esclerosadas, privilégios fantásticos para os detentores do poder, a existência de 5,5 mil entidades federativas — em nenhuma Federação do mundo os municípios têm estruturas de entidade federativa — leva o Brasil a ser dividido em 5,5 mil "**países**", sendo o prefeito de cada município, pelas prerrogativas, autonomia e independência que tem, um verdadeiro "**presidente da república**" em sua localidade.

A "inflação legislativa", para coordenar as milhões de leis vigentes no Brasil, torna o País excessivamente burocratizado e descompetitivo em relação a outras nações, no cenário internacional, o que termina por gerar desemprego, pouca participação no comércio exterior — o Brasil assegura apenas 1,1% das operações mercantis externas no concerto global — e falta de evolução tecnológica necessária, nem sempre atraindo os investimentos necessários.

Ao se promulgar a Constituição, em 1988, o Brasil era a oitava economia do mundo, na frente até da China, apesar das sucessivas crises por que passou, na década de 1980. Hoje é a décima quinta, podendo ainda cair mais.

De certa forma, o único setor avançado no País é o financeiro, que vale, todavia, o que vale o governo, visto que mais de 70% de seus ativos que circulam no País são títulos do governo.

O certo é que alto endividamento, direitos e privilégios oficiais incompatíveis com a realidade brasileira, carga tributária escorchante e juros exagerados para atrair capitais e evitar a fuga deles, além de máquinas administrativas desnecessariamente multiplicadas, arcaicas e onerosas, dificultam que o setor produtivo (empresários e trabalhadores) evolua para transformar o grande mercado potencial que o Brasil representa em alavanca de desenvolvimento.

A grande amarra, portanto, a ser desatada é a constitucional, política e burocrática.

10.2 AS REFORMAS NECESSÁRIAS

O Brasil precisa, pois, de reformas. Cinco delas são imprescindíveis.

A mais importante é a administrativa. A Federação tem que voltar a caber dentro do PIB. A lei de responsabilidade fiscal foi insuficiente. O problema é de índole constitucional. Sem alteração na Constituição, a Federação não encolhe.

A tese de que o Estado é um bom distribuidor de riquezas é uma falácia. Tira, desmedidamente, da sociedade para proveito dos governantes. Por essa razão, o inchaço do Estado é um fator negativo na distribuição. Quem distribui riquezas é o segmento privado da sociedade, mediante a geração de empregos e alargamento dos mercados.

É, pois, a reforma administrativa fundamental. Só sairá, todavia, mediante forte pressão da sociedade e depois de firmar posição de que os servidores públicos não podem ter direitos adquiridos auto-outorgados. É a sociedade que tem direitos adquiridos contra o Estado; o Estado não os tem contra a sociedade.

A segunda reforma fundamental é a política. Sou favorável ao Parlamentarismo, mas, se for impossível adotá-lo, a solução seria pelo menos adotar-se a fidelidade partidária, a redução do número de partidos, o voto distrital misto e o enxugamento dos Parlamentos. Estado sem densidade populacional, poderia ter um deputado, como ocorre nos Estados Unidos, jamais oito; poderia ter dois senadores e não três.

Tampouco há necessidade de votação em duas instâncias legislativas. Bastaria uma. Para assuntos gerais, só a Câmara votaria. Para assuntos federativos, apenas o Senado.

Não vejo por que manter, nos municípios de pequena densidade populacional, a remuneração para vereadores. Nos Estados Unidos, os municípios pequenos não remuneram seus conselheiros (vereadores). É uma honra participar do Conselho Municipal e não um bom negócio, à custa da sociedade.

Quanto ao Poder Judiciário, o certo seria haver duas instâncias apenas (juízo monocrático e tribunal de reexame). Os Tribunais Superiores teriam por função manter as instituições e harmonizar a jurisprudência. Os Tribunais de Contas deveriam ser integrantes do Poder Judiciário, e não órgãos acólitos do Poder Legislativo. E, por fim, o Supremo Tribunal Federal deveria ser apenas uma Corte Constitucional.

Necessário seria também a simplificação dos procedimentos jurídicos e dos processos civil, penal, trabalhista, administrativo e fiscal.

A argüição de relevância permitiria que apenas as questões que transcendessem, por sua importância, ao mero interesse das partes, fosse levada aos Tribunais Superiores. Se não, a justiça far-se-ia em duas instâncias.

A reforma previdenciária — não só do Brasil mas do mundo — está a exigir coragem para ser adotada. Não havendo — a meu ver — direitos adquiridos contra a sociedade, quem se auto-outorgar tais direitos não pode atingir a sociedade, dizendo que ela terá que se empobrecer para que possa usufruir dos privilégios criados.

O sistema previdenciário de capitalização — isto é, em que o futuro beneficiário contribui na formação de fundos para sustentá-lo, quando da inatividade — creio ser o único sistema, apesar de ainda não ser o ideal, capaz de assegurar aposentadoria, evitando falência do Estado. O sistema de participação, em que as contribuições são utilizadas para diversas finalidades fiscais e governamentais, termina sempre gerando, no futuro, déficit impossível de ser administrado, se não à custa de um aumento permanente de tributação.

Sem uma solução razoável para o sistema da Seguridade Social, não haverá paz e solução possível no Brasil.

A reforma tributária sobre a qual já falei passa, necessariamente, por uma simplificação do modelo, em que a tributação sobre a renda, patrimônio imobiliário e circulação de bens e serviços, além das contribuições **para capitalização da previdência**, as taxas remuneratórias de serviços públicos e os impostos regulatórios do comércio exterior seriam os únicos admissíveis para enxugar a burocracia provocada por multiplicação de incidências sobre os mesmos fatos geradores. Detectado um fato gerador, ele só deveria ser objeto de uma única incidência e não de uma multiplicação de tributos e imposição.

A reforma cultural e educacional é a base de tudo. No Brasil, há uma monumental despreocupação com setor tão relevante. Os gastos com a educação não são dedutíveis do imposto de renda, senão em ínfimas importâncias, e as entidades sem fins lucrativos dedicadas à educação são pesadamente tributadas pelo governo, necessitado de seus recursos.

Quem se dedica a fazer o que o governo deveria fazer e não faz com os 38% de carga tributária sobre o PIB deveria ter imunidade absoluta de todos os tributos. Essa deveria ser a pequena contribuição do Poder ao segmento privado que se dedica a ensinar.

Como o Estado promete saúde e educação e não dá, as instituições dedicadas à saúde e à educação deveriam ser imunes, absolutamente imunes de todas as imposições, o mesmo se aplicando a todas as entidades de assistência social.

Todas essas reformas são necessárias, cabendo, todavia, ao cidadão lutar por ela e contra a resistência dos detentores do poder, para que tenhamos um país do futuro e não um país do retrocesso.

10.3 Trabalhadores e empresários

Em um projeto brasileiro para o futuro, a importância dos trabalhadores e empresários deveria ser maior do que de políticos e burocratas.

Políticos e burocratas não geram riquezas nem desenvolvimento, vivendo à custa do trabalho das empresas e dos empregados. Quando bons no governo, não atrapalham, devendo ser sua função, primordialmente, a de facilitar o crescimento da sociedade, sem excessivas amarras administrativas. Quando não atrapalham, já fazem muito. Quando incentivam, melhor.

Ocorre que os empresários são pouco ouvidos e aqueles que o são — por serem amigos do rei — terminam apresentando propostas mais para se beneficiarem à custa do Estado, do que, pelas forças normais da empresa, para crescerem, gerando empregos e desenvolvimento.

À evidência, o fortalecimento dos sindicatos patronais ou de trabalhadores só ocorrerá se houver a aplicação do que está proposto na Constituição, ou seja, liberdade sindical.

A possibilidade de sindicatos livres e mais de um, por categoria, levará, com o tempo, à verdadeira democracia sindical, pois apenas os mais representativos e que defendam o interesse de seus filiados é que sobreviverão.

Abandonar-se-á, assim, o peleguismo e se entrará, decididamente, no modelo da eficiência sindical, tanto maior quanto menos defenderem seus membros, a tese ou o carreirismo político dos grupos que o dirigem é forma natural da vida corporativa.

É que a unicidade sindical — um para cada categoria — transfere a luta pela liderança dentro da entidade; aquele que ganha a disputa faz o que bem entende nos próximos anos ou durante seu mandato com a categoria.

A necessidade, na pluralidade sindical, de valorizar a categoria leva os sindicalizados a escolher o candidato que apresentar melhores condições de desempenhar tal tarefa, certamente gerando uma "purificação ambiental" na vida de seus dirigentes e representantes.

O certo é que apenas sindicatos fortes podem pressionar os detentores do poder a ganharem eficiência em seus trabalhos e nas aspirações que defendem.

Trabalhadores e empresários, no entanto, devem se opor, livremente, aos governos pouco eficientes, para que suas justas reivindicações possam ser acolhidas, revertendo, em parte, a realidade atual, em que, mesmo quando consultados, os governos decidem como desejam, pouca relevância dando às reivindicações desses segmentos da sociedade.

Enquanto os governos forem decidindo à luz do interesse de detentores do poder e não da sociedade, trabalhadores e empresários não poderão fazer muito para crescer.

Um país, com grandes potencialidades, como o Brasil, de rigor, pela população, condições naturais, reservas minerais, água, sol, boa terra, é talvez a melhor nação do globo. Só não deslancha, no cenário internacional, por força de maus governantes. Trabalhadores, que recebem apenas metade dos salário porque a outra metade vai, em encargos sociais, para o governo, e empresários que suportam uma carga tributária de 38% do PIB ou os juros mais elevados do mundo, não podem, à evidência, crescer. Dependem, fundamentalmente, de seu próprio esforço para se desenvolver, mas são obrigados a destinar parcela substancial do que ganham para os governos.

Convenço-me de que o Brasil só crescerá quando trabalhadores e empresários impuserem seus estilos, sua criatividade, seus projetos, sua competitividade e não tiverem as amarras governamentais.

Não excluiria, em um projeto nacional, a adoção de um Ministério integrado apenas por empresários e trabalhadores — e não de políticos amigos do governo — exclusivamente para permitir que o setor avaliado tivesse condições de evoluir.

É de se lembrar que os Ministérios da Fazenda, da Economia, do Desenvolvimento — ou o nome que se lhes dê — são apenas administradores do orçamento, parte da economia vinculada às despesas e receitas públicas, estando mais preocupados com essa administração do que em dar condições de estabilidade aos trabalhadores e empresários.

Somente com um Ministério ou dois, em que apenas trabalhadores e empresários participassem, cuidando diretamente das necessidades desses setores produtivos da sociedade, é que, a meu ver, a economia poderia deslanchar, pois os Ministérios oficiais (Fazenda ou Economia) teriam que encontrar, com o presidente, a forma ideal para a convivência dos interesses recíprocos. E, certamente, não haverá a prevalência de burocratas e políticos sobre a maior capacidade de trabalhadores e empresários.

10.4 A OPOSIÇÃO BUROCRÁTICA

A pergunta que se faz, permanentemente, é se a sociedade cresce quando o Estado não atrapalha, se cresce quando a multiplicação de exigências burocráticas não complica a vida do cidadão, se cresce quando os privilégios dos detentores do poder não são excessivos e sacrificadores do povo, se cresce quando a corrupção é limitada, se cresce quando a sociedade tem mais tempo para trabalhar e não para atender às imposições governamentais, se cresce quando os servidores públicos pensam mais em servir a sociedade do que em se servirem dela, enfim, se cresce quando o Estado deixa de ser um peso sobre o povo, por que razão os burocratas e políticos continuam dizendo o contrário?

Dirão que isso é impossível e que a natureza do poder é dedicar-se aquele que o exerce, em primeiro lugar, à sua manutenção e a garantir seus privilégios, sendo a sociedade mero campo de manobra para atingir tais desideratos. E que é utópico pensar em mudar a natureza das coisas. O poder tem como espinha dorsal a necessidade de existir uma "sociedade que lhe sirva" e que possa comandar; não é da sua essência que a sociedade seja verdadeira detentora dos direitos dos governantes, que lhe deveriam prestar reverência e não o contrário.

Ser cidadão, em tese, deveria ser mais relevante do que ser político ou burocrata, pois o cidadão não é obrigado — senão na defesa da pátria — a servir ao burocrata ou ao político, mas este é obrigado a servir ao cidadão.

Ocorre que esse ideal maior, o qual é de contínua reflexão de filósofos, juristas, sociólogos, doutrinadores, literatos e escritores de todas as índoles, sempre procurando produzir uma teoria capaz de viabilizar mudança de comportamento, tem sido ignorado permanentemente pelos detentores do poder, no máximo servindo para justificar os discursos de campanha eleitoral, nos projetos e programas que jamais serão realizados.

Nada obstante, alguns sucessos na política econômica de estabilização da moeda e da inflação o governo Lula prometeu, nos quatro anos de seu governo, dez milhões de empregos, renda maior para o trabalhador e comida no prato de todos os brasileiros, já tendo conseguido, no primeiro ano, aumentar o desemprego de 11,2% para 12,3% (taxa do IBGE), reduzir a renda do trabalhador, aumentar a economia informal, manter vazios os pratos dos brasileiros, tendo, todavia, aumentado o número de Ministérios e de pessoas contratadas, sem concurso, entre seus amigos. E trata-se de um presidente bem-intencionado.

É que, em verdade, os estamentos públicos criados, a burocracia enquistada no poder, os amigos do rei, entravam todas as possíveis medidas em prol do cidadão, desejando, como o "moloque" de *A Máquina do Tempo*, de H. G. Wells, cada vez mais sangue — digo os recursos do trabalho da sociedade — para se auto-sustentar.

Políticos e burocratas são os que mais se opõem ao desenvolvimento da sociedade, embora estejam nela lastreados, apesar de dizerem exatamente o contrário. Dizem, mas não praticam.

Ora, só há uma possibilidade de quebrar esse quadro, ou seja, mudar o texto constitucional, nele colocando um dispositivo de que a sociedade tem direitos adquiridos contra o poder, mas o poder não tem direitos adquiridos contra a sociedade.

Em relação a privilégios — privilégios nunca foram o modelo ideal —, se os houvesse, só poderiam ser a favor da sociedade e jamais a favor dos detentores do poder contra a sociedade. Dessa forma, só perseguiria a carreira política aquele que tivesse um ideal de servir e não de ser servido.

Se tal ocorresse, as oposições burocráticas e políticas, a qualquer modelo que tornasse a sociedade mais livre para escolher, seriam consideravelmente reduzidas. Faz lembrar aquela história de Arthur C. Clarke (*As Canções da Terra Distante*), em que, no futuro, em um planeta conquistado 750 anos antes por uma expedição de terrestres, cujos integrantes ali se haviam instalado, recebeu outra expedição, que ali encontrou um governo estável e progresso em todo o Estado constituído. E o sucesso era atribuído a um dispositivo de seu Direito interno, pelo qual quem mostrasse o mínimo interesse para governar a comunidade não reunia condições de comandá-la, pois estaria mais interessado no seu sucesso pessoal do que naquele da comunidade. A própria comunidade é que escolhia seus governantes entre os cidadãos éticos, trabalhadores e altruístas, que não desejavam concorrer.

É que, como dizia Lord Acton, o poder corrompe sempre, e o poder absoluto corrompe de forma absoluta.

Ora, é essa resistência que oferecem os detentores do poder, que torna cada vez mais difícil a redução do tamanho do Estado e cada vez mais constante o seu inchaço, fazendo que seja quase insustentável o seu peso para a sociedade.

E, à evidência, tal tipo de resistência dos integrantes de uma máquina que cresce sempre e assustadoramente se alicerça nos direitos adquiridos aos privilégios, que conseguiram enquistar numa Constituição feita para eles mesmos, à sua maneira e a seu gosto, com o que a sociedade, sempre que pretende revoltar-se contra tal quadro, encontra os obstáculos inerentes a essa permanência, com o respaldo também permanente do Judiciário.

Em outras palavras, os direitos aos privilégios são mais relevantes no Brasil que qualquer direito individual e coletivos dos cidadãos.

Uma revolução de costumes políticos apenas é possível — mesmo considerando a natureza humana dos que a aspiram — mediante uma mudança radical para afastar os vocacionados ao carreirismo político, à custa do povo, substituindo-os, nos moldes democratas constitucionais, e mediante a consagração de cláusulas pétreas, obstaculizando que se consolidem direitos adquiridos contra a sociedade para que, eleito o primeiro contingente de cidadãos não-beneficiários do poder, não viesse o tempo a corrompê-los, como ocorre em toda a história da humanidade.

10.5 A DEFESA DOS FEUDOS POLÍTICOS

No capítulo anterior, insisti que burocratas e políticos opõem-se a tornar eficiente o Estado, mediante reforma que reduzisse o seu número, no governo, sendo admitidos apenas os competentes e altruístas.

Acrescentaria, em relação aos burocratas, a certeza de que, no momento em que aprendem a exercer a mais inútil das funções, ou formulam a mais desnecessária das imposições ao cidadão, lutam com todas as armas para que seu cargo jamais seja extinto.

Quando estudei na França, em 1953, fui, uma vez, à Inglaterra, em férias, e ali fiquei sabendo que existia um vilarejo em frente ao Canal da Mancha que, ainda àquela época, pagava a um funcionário municipal para que ficasse olhando o canal para avisar quando avistasse a armada francesa, a fim de que a comunidade se preparasse para a defesa. Sua função fora criada no tempo das guerras napoleônicas!

Quantas das funções no Brasil, quantos dos excessos de caminhos oficiais, de papéis, de vistos, de licenças, de autorizações não se assemelham ao "guarda da costa" inglês?

Os burocratas, entretanto, não vivem sem os políticos, como estes não vivem sem os burocratas. São irmãos siameses.

No Brasil, confundem-se de tal forma que quase todo burocrata deseja ser político sem perder o status de burocrata e quase todo o político deseja ser burocrata para adquirir o status, os privilégios e as garantias que essa categoria ostenta.

Não poucas vezes, os políticos mudam de Poder. Integrantes do Legislativo e do Executivo ingressam por indicação governamental nos Tribunais Superiores; e muitos membros do Judiciário deixam esse Poder para serem políticos, em que sua visibilidade perante a mídia é muito maior do que a que oferece o exercício de um poder técnico — sem perderem seus privilégios, que se transformam em direitos adquiridos.

À evidência, nessa troca de funções, sempre sustentados pelos tributos da sociedade, o casuísmo político vale, incomensuravelmente, mais que o desejo de servir, que passa a ser acólito àquele. E o casuísmo apenas se transforma em serviço quando este adquire visibilidade política que contribui com seu carreirismo.

No Brasil, esse retrato é tão evidente que a redução da renda e do desenvolvimento nacional está na mesma proporção do aumento do estamento político e burocrático, dificultando, dessa forma, que a nação saia da crise, em que está cada vez mais envolvida.

E a manutenção desses feudos é de difícil desarticulação.

Nos cenários internacionais, tal realidade tem sido, de mais em mais, acentuada, visto que a queda do denominado "risco Brasil" só foi possível pelo excesso de liquidez no mercado internacional e baixíssima remuneração do sistema financeiro internacional a tais ativos, levando os investidores estrangeiros a aplicar mais no País.

Tanto é verdade que, em 2003, o Brasil teve 39% menos investimento de risco do que em 2002, apesar de uma captação maior de recursos de ativos a curto prazo no sistema financeiro.

Na reunião de Davos, de 2004, todos os analistas internacionais, assim como as agências de risco, insistiram que o alto endividamento do Brasil, provocado pelo custo da Federação, poderia voltar a ser fator de eventual inadimplência futura se a liquidez mundial, à luz de aumento de maior rentabilidade nos países desenvolvidos, se redirecionasse para estes países, levando, naturalmente, o Brasil a ter dificuldades em rolar sua dívida, sendo obrigado a aumentar o *spread* das captações para garantir o mínimo de recursos.

Todos os analistas apontam a necessidade de reformas estruturais que reduzam o tamanho do Estado e fomentem o crescimento da economia, o que não é possível com o excessivo peso dos tributos, dos juros e dos direitos adquiridos da esclerosada e multiplicada máquina administrativa pelas 5,5 mil entidades federativas.

O problema é que a lição amiga só é possível de ser seguida por aqueles que deveriam sacrificar-se, isto é, políticos e burocratas. Só seria possível com a destruição de seus fundos permanentes. E, à evidência, o interesse e a probabilidade de que o façam são muito pequenas. A certeza de que tais inúteis fardos sejam mantidos torna ainda a taxa de risco Brasil elevada e a economia comprometida.

Teme-se, inclusive, que, em uma eventual reformulação dos destinos desses ativos para as economias desenvolvidas, os políticos e burocratas procurem soluções radicais *pro domo sua*, como a nacionalização de empresas produtivas, transferência, mediante tributos patrimoniais, da riqueza privada para o Estado, a fim de sustentar privilégios oficiais e uma socialização dos sistemas de produção, para garantir os recursos que vão perder, inclusive se decidirem pela inadimplência.

E a procura de soluções estatizantes e de transferência das riquezas de quem justamente as produziu para quem não sabe geri-las, mas só desperdiçá-las, certamente elevará o nível de desconfiança interna e externa. Em uma economia de livre concorrência e mercado, não é de se admitir que aquele que ganhou legitimamente poderá não ser razoavelmente usufruído pelos geradores de riquezas e empregos. E o aumento da desconfiança quanto a uma mudança de regime funciona como uma barragem: muitas pessoas, inacreditavelmente, fomentam a obtenção de recursos confiscados, que só são fáceis, no início, mas que impossibilitarão a obtenção de recursos futuros, que são tão mais necessários. É que, por ser o Estado um mau produtor e um mau empreendedor, retirará eficiência das empresas privadas, contaminando-as com o paquidermismo das empresas públicas e passando não mais a gerar riquezas, mas pobrezas, exceto no que se refere a classes de privilegiados, à semelhança de tudo o que ocorreu nos países orientais, antes da queda do muro de Berlim.

Sem que a mídia e a sociedade, por seus canais competentes de ONGs (Organizações Não-Governamentais), revistas e jornais, se conscientizem e se mobilizem contra essa realidade, o risco só crescerá no futuro, visto que é previsível um aumento de rentabilidade do sistema financeiro internacional com fuga de capitais do Brasil.

10.6 Uma nova Constituinte

Foram promulgadas, no Brasil e nos estertores de 2003, as duas novas emendas constitucionais (n°s 41 e 42) sobre o sistema tributário e a previdência, totalizando, em um período de 15 anos, 48 emendas a modificar o texto promulgado em 5 de outubro de 1988, a que Ulisses Guimarães denominou "Constituição Cidadã". Hoje, o número já é de 50.

O certo é que o número de emendas já promulgadas e a centena de projetos que tramitam no Congresso Nacional estão a demonstrar a provisoriedade de nossa Carta Suprema.

Como velho professor de Direito Constitucional e comentarista da Constituição brasileira, cada vez mais me convenço de que as Constituições analíticas são sempre provisórias.

Os portugueses, sabiamente, criaram um mecanismo qüinqüenal — às vezes as alterações se fazem um ou dois anos depois — para revisão do que está ou não está dando certo, em sua Constituição de 1976. É que, como os espanhóis, em 1978, adotaram uma Constituição analítica.

Dessa forma, não vivem alterando a Lei Maior, a todo momento, como ocorre no Brasil, e permitem que haja um teste de eficácia, validando, por um período de cinco anos, pelo menos, o novo texto.

Os argentinos, aproveitando os problemas constitucionais criados pela Carta Magna brasileira, produziram, na década de 1990, uma Constituição de 129 artigos e 17 disposições transitórias, não procurando regular na Lei Suprema tudo o que dissesse respeito à sociedade e ao Estado.

Os norte-americanos, desde 1787, têm uma Constituição de sete artigos, que foi acrescida de 26 emendas, em 217 anos.

Uma das características das Constituições analíticas, "pormenorizadas", é que elas não resistem ao tempo, à evolução da humanidade, ao progresso científico e tecnológico e ao desenvolvimento das relações sociais, comunitárias e econômicas.

A Constituição brasileira, ao sofrer, em 16 anos, 50 emendas (6 no processo revisional de 1993 e 44 no processo ordinário) está a demonstrar a precariedade de seus comandos, hoje com 250 artigos e 94 disposições transitórias!

Em 1988, tínhamos 245 artigos de texto ordinário e 70, apenas, de disposições transitórias!

Como se percebe, a Constituição Federal brasileira é uma Constituição provisória, em permanente alteração e com outras alterações projetadas para 2004, o que certamente elevará o número de emendas para mais de 50.

O pior de tudo isso, entretanto, é que nem todas as emendas fazem que o texto constitucional atenda às necessidades do povo brasileiro.

Prova inequívoca dessa realidade reside nas propostas de reformas tributária, previdenciária, política, do judiciário e administrativa, previstas para 2004, a demonstrar que, por mais que se mexa na lei suprema, as alterações introduzidas não vão na linha do aperfeiçoamento, e a Constituição continua sendo provisória e insuficiente.

E, à evidência, uma Constituição hospedeira de toda a espécie de formulações legais — inclusive matérias que melhor ficariam em portarias ou resoluções do Executivo — termina por colocar as relações entre a sociedade e o Estado em permanente litígio. Toda vez que o cidadão vence o Estado nos tribunais, a Constituição é alterada contra ele.

Estou convencido de que a lentidão do Judiciário deve-se, fundamentalmente, a dois fatores:

- atuação aética dos Poderes Executivos, que entulham o Poder Judiciário com questões repetitivas, ofertando recursos meramente protelatórios, apenas para retardar o pagamento de suas obrigações;
- complexidade do texto constitucional, de 344 artigos, que permite variada interpretação e conflitos permanentes.

A prova insofismável do que digo está nas mais de 3 mil ações diretas de inconstitucionalidade que o Supremo Tribunal Federal já recebeu, número muito maior, em 15 anos de vigência da Lei Suprema, que a Corte Constitucional Alemã — exclusivamente dedicada a tal tipo de procedimento — recebeu nas dezenas de anos em que atua, desde sua criação.

Parece-me que uma reflexão se faz necessária: apesar do grande avanço no que diz respeito aos direitos individuais, a Constituinte criou um Estado Maior do que o PIB. Instituiu amarras fortes ao desenvolvimento e à redução do tama-nho do Estado. Privilegiou os detentores do poder com fantásticos direitos, na ativa e na inatividade. E prejudicou a sociedade, que não vê como se libertar do peso do estamento oficial. A meu ver, apenas uma nova Constituinte originária e exclusiva, decorrente de um plebiscito, para que seja originária e quebre a camisa-de-força dos privilégios públicos, poderia reverter esse quadro, que a sucessão de emendas não equaciona.

A Constituição provisória do Brasil transforma-o também num país provisório, no concerto mundial.

Estou convencido de que a Constituição deveria ter um perfil sintético, com definição de direitos e garantias individuais e políticas, enunciação genérica de direitos de segunda, terceira e quarta gerações, mecanismos claros de controle do Estado por parte da sociedade e nítida divisão dos poderes, para que uma contaminação "conveniente" e "conivente" não facilitasse soluções *pro domo sua* dos detentores do poder, em detrimento dos direitos do cidadão. Só assim teríamos uma Constituição capaz de permitir o exercício da cidadania e o desenvolvimento social e econômico do País, tornando os políticos e os burocratas servidores da sociedade e não seus beneficiários.

CONCLUSÕES

1 O FUTURO DO MUNDO

O fim do século XX e o começo do século XXI encerram o capítulo dos mitos econômicos que serviram de embates e guerras, no século XX, ou seja, aquele que opôs o capitalismo liberal ou neoliberal ao socialismo político e dos meios de produção econômica.

A denominada terceira via também não se realizou, sendo outro mito econômico decaído, visto que o chamado capitalismo do Estado ou socialismo liberal — com uma economia dirigida pelo Estado com áreas de preferencial exploração pelo setor privado com o beneplácito estatal e outras áreas exploradas pelo Estado por serem estratégicas — não se revelou o melhor caminho para as nações menores, sem riqueza natural ou financeira.

E o aspecto social de garantir o trabalhador também se revelou, muitas vezes, de absoluta ineficiência, pois quanto mais o Estado passa a intervir na área, criando ônus excessivos às empresas privadas, mais gera informalidade, ou seja, hipotéticos direitos, na prática, dissimulados por subemprego ou mão-de-obra não-formalizada.

Os grandes temas do passado, na forma como foram apresentados, estão ultrapassados. E a globalização da economia terminou por retirar a máscara da farsa, quando se percebe que ela pode gerar um crescimento em progressão aritmética para os países emergentes que forem bem administrados e uma progressão geométrica para as nações desenvolvidas.

Isso porque a norma não escrita, mas que se revelou o maior obstáculo na globalização ampla, tem permitido às nações desenvolvidas quererem a abertura dos mercados onde são competitivas e o protecionismo onde não o são e, como têm força, pretendem, após, aplicar sanções e retaliações aos países emergentes, de forma quase sempre indireta, com a criação de dificuldades e fechamento de seus mercados a tais nações.

A OMC continua sendo uma casa de tertúlias acadêmico-econômicas, no plano internacional, porque os Estados Unidos (35% do PIB mundial) dão-lhe pouca atenção, e os países com direito à retaliação aos que agem aeticamente no comércio internacional têm receio de utilizá-lo para não serem discriminados no futuro.

E as sucessivas reuniões mundiais têm fracassado, rotundamente, opondo o poderoso e prepotente G-8 (o oitavo membro é simbólico) ao instável G-20, que muda de composição de acordo com os interesses e promessas que o G-8 faz a membros isolados para destruí-lo.

Acresce-se que, no plano político, os Estados Unidos, percebendo que a queda do muro de Berlim eliminou a única nação com poderio nuclear capaz de fazer-lhe frente, assumiu defitinivamente o papel de "grande império", pouco valor atribuindo ao direito internacional. Viola-o quando bem entende, invadindo países que não lhe são simpáticos e considerando terroristas os nacionais dessas nações invadidas, que querem, pela guerrilha, libertar suas nações.

A nação mais poderosa do mundo, econômica e militarmente, não precisa mais da ONU, tendo, no assalto ao Iraque, reduzido esse organismo internacional a um órgão acólito, vicário de sua política. Mesmo na questão iraquiana, em que, após destruir a nação, seus soldados estão sofrendo sucessivos ataques, precisou da ONU para minorar os efeitos de sua desastrada intervenção, que tornou o povo norte-americano, para a comunidade dos países árabes e pobres, o povo mais detestado do mundo, principalmente após a revelação de dezenas de mortos nas prisões de "Abu Ghraib" e as torturas dignas da SS nazista perpetradas por seus soldados.

Vive-se hoje não mais o direito de ingerência — que o concerto das nações consagrara para se defender contra países que pudessem colocar em risco o equilíbrio mundial —, mas o direito da força da única nação que realmente possui armas de destruição em massa, estando o mundo sujeito aos humores e às aspirações de seus governantes de ocasião.

O fosso entre os países pobres e os ricos aumenta, apesar da formação de grupos internacionais, mais ou menos fracos.

Nada obstante esse quadro que, no plano político, torna os Estados Unidos a nação que determina o ritmo das intervenções mundiais e, no plano econômico, transforma-a na grande e verdadeira beneficiária do processo de globalização, o mundo, para os países desenvolvidos, tampouco se reveste de absoluta tranqüilidade futura, por uma série de fatores dos quais os primeiros são, sem dúvida, a redução de seus mercados internos, a longevidade maior de sua população, a baixa natalidade, os sistemas de seguridade falidos e a evolução tecnológica, que afasta empregos e gera contestações.

Por outro lado, sem o crescimento dos países emergentes, de pouco valem seus mercados ainda em expansão pela maior natalidade, visto que são insuficientes, pois não há riqueza acumulada nem produzida, e tais nações não poderão progredir se o tratamento do comércio internacional continuar sendo-lhes desfavorável, com eliminação do acesso aos mercados desenvolvidos, nos setores onde são competitivas.

À evidência, os meios de comunicação internacionalizados e a Internet, que permite conhecer tudo o que se faz no mundo, em tempo real, cria revolta nas nações emergentes e em suas populações, que passam a hostilizar os países ricos e suas populações, principalmente quando aquelas nações são invadidas, sem justificações ou com justificações enganosas.

O conflito não é mais entre governos de países fortes e fracos, mas entre populações e investidores fora do controle dos governos. O terrorismo internacional continua a crescer, não sendo a técnica erradíssima do provincianismo norte-americano ou da discriminação palestina de Israel, de volta à lei do Talião, os melhores caminhos, pois, quanto mais reagirem, matando inimigos e inocentes do outro lado, mais ódio e atos terroristas gerarão. Cada família palestina, iraquiana e afegã, que têm seus integrantes mortos sem que tenham participado de movimentos terroristas, torna-se uma família potencialmente terrorista.

Em outras palavras, o ódio gera ódio, e as tensões crescendo fazem do tempo o maior aliado dos mais fracos de hoje. Os Estados Unidos não têm exército suficiente para controlar 100 milhões de maometanos no próximo Oriente, e Israel está cercado desses 100 milhões de cidadãos árabes, ou de religião islâmica, todos eles, decididamente, com ódio crescente a Israel e aos Estados Unidos.

Se os líderes destas duas grandes nações (Estados Unidos, pela força econômica, e Israel, pela força cultural) não perceberem que, quanto mais reagirem, nos mesmos moldes, mais atentados e ódio gerarão, o tempo contará em seu desfavor.

Nada obstante esse quadro atual, estou convencido de que existem saídas. Entre os cenários possíveis, para o futuro, vejo pelo menos dois com nitidez, os quais não são excludentes.

O primeiro é que o bom senso possa gradativamente levar as lideranças mundiais, principalmente a norte-americana, em face das pressões dos países emergentes, a um melhor entendimento, no que diz respeito ao livre comércio, facilitando o ingresso deles no mercado mundial. Utilizando-se de sistema semelhante ao adotado na União Européia, com relação às nações mais pobres, ou seja, atribuindo-lhes vantagens para compensar suas insuficiências. O processo seria, pois, o inverso do que vemos atualmente. Onde não são competitivas as nações poderosas deveriam abrir seus mercados e onde são competitivas facilitar às nações menos desenvolvidas tornarem-se competitivas.

Dessa forma, a integração econômica e a globalização poderiam acelerar o desenvolvimento da humanidade, a redução do nível de desemprego e de miséria, com crescimento global de desenvolvidos e emergentes e, o que é melhor, com real expansão de mercados criados pela globalização.

Politicamente, os ideais imperialistas do presidente Bush deveriam ser cerceados para a volta aos ideais dos fundadores da pátria americana.

Esse cenário facilitaria, inclusive, o fortalecimento de blocos comuns, Mercosul, Pacto Andino e africanos e asiáticos, permitindo que ganhassem status, não mais de zona de livre comércio, mas de união aduaneira e mercado comum, na mesma trilha da União Européia. E, quem sabe, no futuro, chegaríamos a um Estado Universal.

Os problemas sociais deveriam diminuir, com tal integração, mas órgão também de conformação internacional deveria ser a *longa manus* desse crescimento acordado das nações.

O segundo cenário não é bom, mas levará, com mais tempo, ao mesmo encaminhamento para um Estado Universal.

Se os governos das nações desenvolvidas, política e economicamente, continuarem a ser tão insensíveis para com as nações menos desenvolvidas, talvez não controlem o fluxo dos ativos financeiros e de mercados de capitais (três vezes e meia o PIB mundial) que, possivelmente, migrarão da instabilidade para a segurança e da segurança para a rentabilidade, podendo muitos empreendimentos, pela mão-de-obra mais barata e carga tributária menor, ser direcionados para nações emergentes. Por outro lado, o petróleo, neste século, estará esgotado, nas nações desenvolvidas, e sua obtenção das nações árabes hostilizadas pelos Estados Unidos será mais difícil.

Talvez esse seja um fator que poderá começar a inverter o pêndulo da dominação norte-americana, lembrando-se que o Brasil, com sua tecnologia de tirar energia combustível do álcool e sua vasta extensão territorial, aponta solução alternativa que poderá ser útil a seu desenvolvimento futuro, principalmente por ser uma forma de energia não poluente.

De qualquer forma, nessa hipótese, os confrontos políticos e econômicos serão constantes, e a união mundial mais difícil de se conseguir, havendo a possibilidade, a médio prazo, de a própria e segura evolução tecnológica levar os atuais países desenvolvidos a serem ultrapassados pelas nações emergentes.

Pode ocorrer o que ocorreu com o império romano ocidental, em que os bárbaros, ao serem gradativamente incorporados à Roma, mudaram seu perfil étnico e se tornaram, com o tempo, aliados dos povos externos ao império, os quais terminaram por derrubar a águia romana.

O perfil étnico do norte-americano e do europeu está em transformação. Os emergentes latino-americanos, asiáticos e africanos lá residentes estão lhe dando nova face e serão, como em Creta e em Roma, os futuros aliados de nações que verão os povos asiáticos, europeus ou norte-americanos com olhos semelhantes àqueles que, há mais de um milênio e meio, levaram os bárbaros a vencer Roma.

Essa mudança de cenário, todavia, que poderá também desembocar em um Estado Universal, a partir dessa integração, em que o perfil dos países emergentes acabará, pelo volume de sua população, a prevalecer, não será, todavia, indolor, principalmente se ficar na dependência dos gigantes mundiais em população (China e Índia), que poderão no futuro ditar regras valendo-se de tais conquistas.

Certamente, a ONU, nessa hipótese, poderá ter um papel mais favorável às nações que constituem a esmagadora maioria de seus quadros, com a possibilidade de destruição do direito a veto do Conselho de Segurança.

Em outras palavras, por processo inteligente e pacífico ou pelo processo conflituoso e pouco lúcido das lideranças mundiais, há uma irreversibilidade, em face do crescimento populacional, da formação de um Estado Universal, a partir dos grupos de nações já constituídos, com preservação dos hábitos culturais, respeitada a tradição regional de cada um dos países que o compuserem.

O processo mais ou menos doloroso é irreversível, podendo ser mais rápido, à luz das concessões que fizerem, principalmente as nações dominantes, e até muito doloroso e demorado, se o cenário for o segundo que mencionei. Estou, entretanto, convencido de que, no mesmo universo, a insignificância da terra só poderá — se um cataclismo cósmico não a eliminar antes — servir de ambiente para o homem, se chegar, um dia, ao Estado Universal.

2 O FUTURO DO BRASIL

O Brasil, ao lado de China, Índia e Rússia, é um dos quatro países emergentes de maior potencialidade.

Seu vasto território ensolarado, com muita água e riquezas naturais e minerais, sua população com potencial para se constituir em magnífico mercado, sua unidade cultural e lingüística, facilidade de absorção de imigrantes, assim como a maneira de ser de seu povo, não entregue a ódios regionais, separatistas, religiosos, culturais, étnicos como ocorre na Europa, Ásia, África, fazem do país uma nação, indiscutivelmente, de futuro, como sinalizou Stefan Zwing.

Seu estágio de desenvolvimento é complexo e com profundos desníveis regionais. São Paulo, com o tamanho da Romênia, tem um PIB cinco vezes maior (200 bilhões de dólares), passível de ser considerada uma nação desenvolvida se estivesse isolada do resto do Brasil. A Amazônia tem uma população 11 vezes menor que a de São Paulo e um território muitas vezes maior, sendo seu PIB insignificante e sua riqueza natural (água, biodiversidade animal, mineral) fantástica.

A estrutura política do País é uma sandice. São 26 estados — a maior parte deles com estrutura política muito superior a sua capacidade de suportá-la —, 5,5 mil municípios e a União Federal pessoa política com autonomia própria. E há o Distrito Federal.

O Congresso Nacional, com 81 senadores e 503 deputados federais, não oferta representação a uma categoria de entidades federativas (municípios) e é inchado, tornando complexas suas decisões, quase sempre em duplo grau legislativo.

O Executivo Federal é multiplicado em muitos ministérios repetitivos; seus partidos políticos são numerosos, visto que podem ser fundados partidos políticos quase sem eleitores.

O Poder Judiciário Federal e Estadual tem carência de juízes (em torno de 15 mil para 178 milhões de brasileiros), excesso de normas processuais e instâncias e escassez de recursos materiais. O melhor dos três Poderes é, entretanto, insuficiente para enfrentar a avalanche de questões que lhe chega.

Por fim, sua economia é instável, com forte endividamento, política de juros acima dos padrões internacionais para manter a rolagem da dívida, tributos cinematograficamente acima dos padrões dos países emergentes e de algumas das maiores nações do mundo — como Japão, Estados Unidos, Austrália e Suíça — e governos despreparados e excessivamente remunerados pela sociedade, que, salvo exceções, defendem mais *slogans* redistributivistas de riquezas — quase sempre em causa própria —, direitos adquiridos a seus privilégios de agir com razoável dose de incompetência, demagogia e interesses, às vezes escusos. Há, todavia, exceções.

Neste quadro, vejo, apesar de tudo, o Brasil com imensa potencialidade, não em face de seus governos e estruturas políticas, mas em face da qualidade de sua economia, que sobrevive apesar de escorchada por juros e tributos elevadíssimos, pela incrível capacidade dos líderes empresariais em desenvolvê-la. Apesar de ter caído, em nível de PIB, no concerto mundial, sendo o 15º PIB do mundo, assim como haver ainda profundas injustiças sociais e desníveis regionais, sobre ter uma Constituição que criou uma Federação maior do que o Produto Interno Bruto, estou convencido de que se trata de um país, por vocação, talhado para o crescimento.

O segmento privado na Educação hoje é mais forte que o falido setor público. E o País tenderá a crescer nesse setor, graças à sociedade e não aos governos.

Há centros de pesquisas tecnológicas avançadíssimos, como em São José dos Campos, assim como consideráveis avanços em técnicas expressivas. Apesar da loucura desestabilizadora do movimento subversivo dos sem-terra e dos latifúndios garantidos aos indígenas, o País é hoje uma potência agrícola.

O Brasil possui 178 milhões de habitantes e 8.511.965.000 quilômetros quadrados de território. É uma das maiores nações agrícolas do mundo e luta para, nos fóruns internacionais, derrubar barreiras criadas pelos países desenvolvidos à sua produção agropecuária, pois possui melhor tecnologia, produção e produtividade que as nações européias e de quase todo o mundo.

A Constituinte, sabiamente, proibiu a reforma agrária sobre terras produtivas, pois uma vez que garante o direito de propriedade (art. 5º, inciso XXII), não há por que desapropriá-las, se estiverem produzindo e atendendo à sua função social (arts. 5º, inciso XXII, e 185, inciso II da CF).

O legislador ordinário, com não menor sabedoria, criou mecanismo para a realização da reforma agrária, no campo impositivo, pelo qual tributa de forma progressiva a terra improdutiva e de forma regressiva a terra produtiva, à luz do texto constitucional (art. 153, § 4º, inciso I). Dessa forma, a manutenção de propriedades agrícolas, para a mera valorização imobiliária, é um péssimo negócio, pois, com o tempo, o governo, por meio dos tributos, "desapropria" tais imóveis, sem gastar absolutamente nada, podendo receber o próprio imóvel em pagamento, dos contribuintes em atraso, nas execuções judiciais.

Aqueles que entendem de agricultura sabem que a maioria das terras brasileiras em mãos de particulares é produtiva e estão seus proprietários desempenhando bem a função de manter o País como uma das principais potências agropecuárias do mundo. São 500 mil empresas e 4,7 milhões de famílias, incluindo os 600 mil assentados pela reforma agrária. Os Estados Unidos, com extensão territorial maior do que o Brasil, tem apenas 2 milhões de agricultores (tinha 6,8 milhões em 1955), e a França, principal país agrícola da União Européia, apenas 600 mil (tinha 2 milhões em 1945). Somados empresas e agricultores, o Brasil tem 5,2 milhões de agricultores, contra 2 milhões, nos Estados Unidos, e 600 mil, na França, conforme dados levantados por Xico Graziano, em artigo para *O Estado de S. Paulo*.

Ora, o MST é movimento — como tenho reiterado em artigos — político, temeroso de se transformar em agremiação partidária para não ter que fazer o teste das urnas, nas quais, pelas pesquisas, seria fragorosamente derrotado, pelo nível de rejeição que sua atuação inspira na sociedade. Pretende, todavia, retirar a terra — que é bem inelástico — de quem a possui, cultiva e produz, para atribuí-la a seus correligionários que seriam os únicos beneficiários da suposta reforma agrária que pretendem promover. A partir do momento em que transferisse "toda a terra" para os inscritos em seus quadros, certamente não permitiria que "futuros sem-terra", não filiados, pudessem ter acesso a qualquer propriedade agrícola no País.

O raciocínio é muito simples. Se a população aumenta e a terra não, à evidência, no momento em que toda a terra brasileira for conquistada e entregue aos correligionários do MST, não haverá terra disponível para os "futuros sem-terra", visto que o bem é inextensível.

Por essa razão é que pressionam, hoje, para obter terras produtivas, mediante violência, desrespeito à lei e conivência de autoridades, as quais, sem respeitarem a independência e harmonia dos poderes, preferem atacar o Poder Judiciário, que apenas impõe o respeito à Constituição, segundo a qual "terra produtiva" não pode ser desapropriada para a reforma agrária.

Tais autoridades, a meu ver, deveriam ser de imediato exoneradas e responsabilizadas por colocarem em risco a estabilidade das instituições, ao deixarem de tomar as medidas necessárias para impedir invasões de prédios públicos e propriedades privadas, invasões essas que configuram um absurdo, inadmissível, antidemocrático e tirânico desrespeito à lei e à Constituição.

O certo é que as críticas dessas autoridades — que foram guindadas ao poder por serem amigas do presidente e não por terem sido escolhidas pelo povo — ao Judiciário só prejudicam o ambiente de harmonia entre os Poderes.

Tenho dito que, se o MST deseja a sua ultrapassada reforma agrária para partilhar o Brasil entre seus correligionários e impedir, no futuro, que "outros sem-terra", e, no presente, que os "sem-terra não filiados" sejam proprietários do butim, que dispute eleições, que as ganhe, que leve seu projeto ao Congresso e consiga que o Parlamento faça as leis que imagina úteis, pois só aí terá legitimidade para fazer o que, hoje, é prática delituosa.

Felizmente, o Poder Judiciário tem atalhado tal movimento subversivo.

A potencialidade industrial e de serviços do Brasil, por outro lado, é fantástica e o País tem tudo para crescer, apesar dos governos. Lidera, no cenário internacional, a luta dos países emergentes contra os privilégios dos países desenvolvidos, com plena consciência dos riscos de retaliação que tal postura corajosa lhe acarreta.

Convenço-me, todavia, de que a potencialidade brasileira para progredir, baseada no esforço de trabalhadores e empresários — apesar dos governos — é grande, sendo certo que o País ganhará status de grande nação durante o século XXI.

Poderia ser, todavia, muito mais rápido seu crescimento se algumas medidas fossem tomadas, não obstante as dificuldades políticas — não na sociedade — para adotá-las.

A primeira delas seria compatibilizar a Federação com sua real dimensão. O custo político da Federação só deveria ser suportado por unidades federativas auto-sustentáveis. O Estado não auto-sustentável deveria ser território federal, com administração da União, menos onerosa para a sociedade, destinando-se os recursos que sustentam o custo da máquina política para o desenvolvimento dessa unidade. E no momento em que se tornassem auto-suficientes, por plebiscitos e leis complementares, voltariam a ser Estados.

Uma medida dessa natureza reduziria consideravelmente o custo político que exige cada vez mais tributos e gera cada vez mais uma burocracia criadora de entraves e dificuldades para a sociedade. A queda da carga tributária possibilitaria mais recursos para o crescimento do segmento privado, único capaz de gerar empregos e desenvolvimento, sem privilégios odiosos.

A mera redução do Estado brasileiro, com a possibilidade de gerar superávits orçamentários capazes de reduzir o endividamento público no tempo e o custo federativo, certamente facilitaria a superação de todos os demais "problemas" e desníveis, visto que o Estado passaria a ser apenas um "orientador" — não um dirigente — da economia e esta, livre de suas amarras, deslancharia pelos canais normais de desenvolvimento e exploração de sua potencialidade.

O Brasil não cresce porque há excesso de governo e escassez de sociedade. A mera redução do Estado, com algumas das alternativas expostas no Capítulo 10, possibilitaria a inserção do País no cenário internacional, como grande recipiendário de investimentos de risco, e não apenas financeiros, com fantástica evolução de seu povo.

Sendo uma nação continente, poderá liderar a Alca latino-americana (expansão do Mercosul) e contrapor-se ao peso americano na Alca global, para torná-la subordinada não apenas aos interesses estadunidenses, mas aos interesses dos Estados Unidos e dos demais 34 países juntos, inclusive de Cuba, cujo ditador sanguinário e que atrasou sua economia, pelo correr do tempo e da natureza, não deverá durar muito, e sua morte liberará o país para crescer como os demais.

O estilo próprio e a maneira de ser do brasileiro poderão fazer desta nação continente, criando os mecanismos sugeridos nos capítulos anteriores de controle dos governos pela sociedade, uma grande nação, no século XXI, da mesma forma que os Estados Unidos se constituíram, nos fins do XIX e meados do século XX, na grande nação da atualidade.

E, fatalmente, pela forma comportamental de seu povo, facilitaria a integração do mundo, em busca de um Estado Universal, visto que a tendência a não-discriminação e à convivência pacífica é algo não apenas sistematicamente colocado na Lei Suprema, mas que o povo brasileiro efetivamente vive. O futuro, para o Brasil, se afigura mais brilhante que o presente, podendo ser mais ou menos demorado, em face da maneira como a sociedade se impuser aos governos, para que o Estado diminua de tamanho e a sociedade possa crescer. Isso ocorrerá, fatalmente, de forma menos ou mais dolorosa, por um imperativo da História.

O Brasil é, em verdade, uma nação irremediavelmente destinada ao crescimento, seu povo poderá ensinar ao mundo conturbado por ódios e dominações de toda a natureza a convivência pacífica.

E encerro este livro lembrando o início de meu primeiro livro acadêmico, sobre despesas militares e seu impacto nas finanças públicas, prefaciado em 1971 pelo saudoso amigo Roberto Campos (*Desenvolvimento Econômico e Segurança Nacional – Teoria do Limite Crítico*): "*o homem é um ser pacífico que nunca viveu em paz*".

Que o Brasil possa ensinar ao mundo como gerar a paz.

Impresso por

META

www.metabrasil.com.br